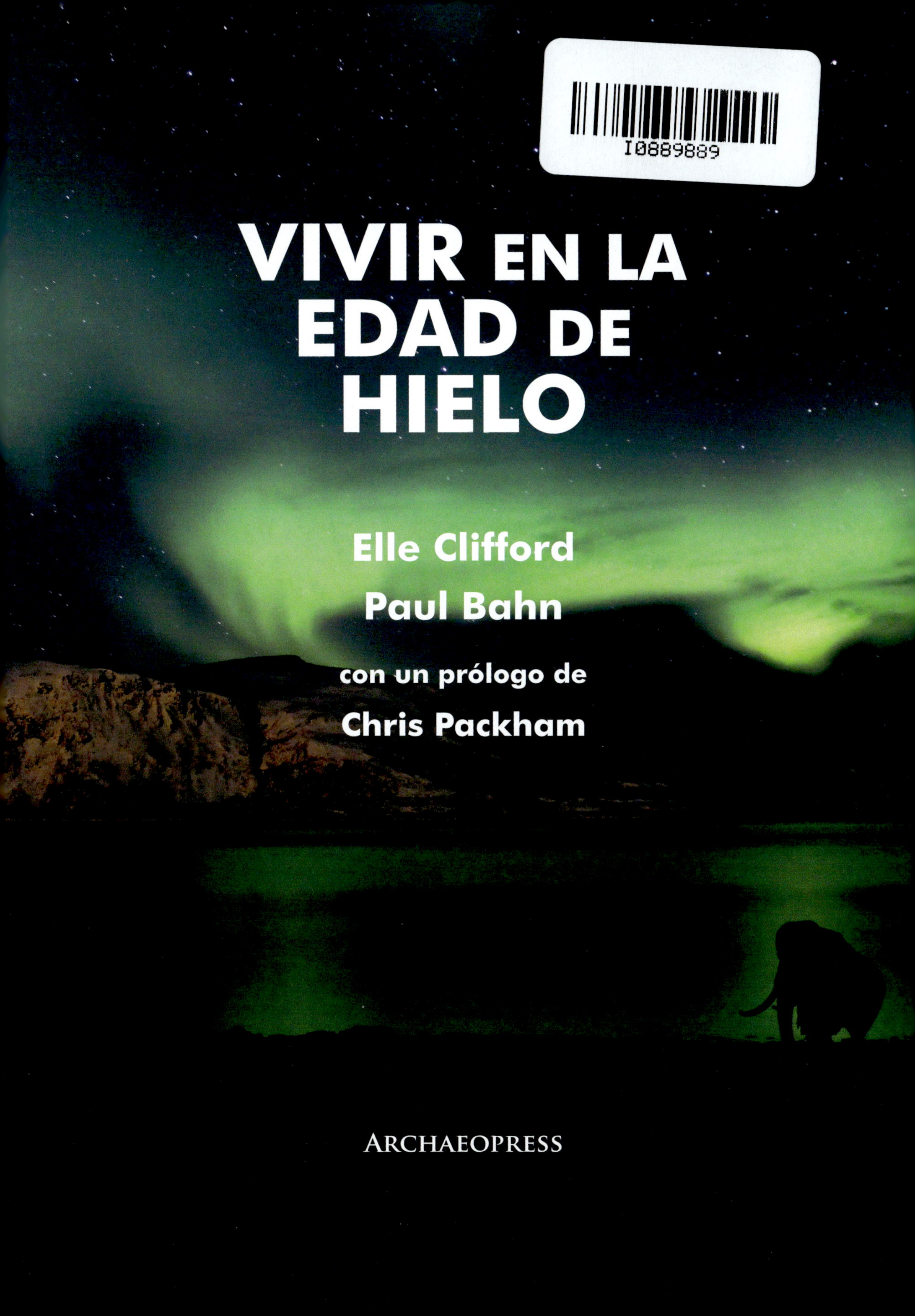

VIVIR EN LA EDAD DE HIELO

Elle Clifford

Paul Bahn

con un prólogo de

Chris Packham

ARCHAEOPRESS

Huellas de manos en la cueva de El Castillo (España)

Contenidos

PRÓLOGO

Cuando yo era un niño, a los humanos de los que hablaremos en este libro se les llamaba "primitivos" (de hecho, los libros tenían como protagonista al "hombre primitivo"). Por ello, su descripción fue equivocada. La palabra primitivo hace que pensemos que eran groseros y simples; y que se encontraban en una fase temprana de **evolución**. Fueron representados como hombres de las cavernas; animales peludos, desnudos, gruñones y nada inteligentes. Pero, como aprenderás en este maravilloso libro, fue un gran error. Estas personas fueron iguales que tú y que yo.

¿Y por qué lo malinterpretamos? Porque nos faltaban conocimientos. Pero ahora, gracias a los científicos y a las nuevas tecnologías, hemos aprendido mucho. Muy lejos de ser primitivos; estos humanos eran listos, resolutivos e ingeniosos (recuerda que tuvieron que sobrevivir en unas condiciones medioambientales muy difíciles). Fueron también hábiles y creativos elaborando bonitas prendas de ropa y herramientas, e incluso, juguetes para sus hijos. Pero, quizá lo más importante es que se adaptaron, aprendiendo a vivir y a sobrevivir en hábitats y en condiciones muy diversas.

Este libro fascinante nos mostrará también cómo era su día a día (cómo se vestían, cómo eran sus joyas y adornos; o cómo eran sus refugios); qué comían, cómo era su estado de salud, qué enfermedades tuvieron; cómo cuidaban de sus familiares y de sus perros; incluso, qué aspecto tenían.

Quizá creas que tenemos poco que aprender de unas personas que comieron, bebieron, rieron y lloraron hace entre 40.000 y 12.000 años. Pero, no es así, porque estas gentes destacaron, no solo por vivir, sino por sobrevivir a un período de cambio sin igual en nuestro planeta. De nuevo, en la actualidad, el planeta está cambiando, aunque en esta ocasión lo hace como consecuencia de nuestras acciones. Y está cambiando más rápidamente y de forma más radical, de lo que lo hizo para estos humanos de la Edad de Hielo. Aun así, si nuestros antiguos familiares subsistieron, nosotros también podremos sobrevivir.

Chris Packham

Naturalista, presentador y defensor del medio ambiente

Reconstrucción de una mujer
y un niño de la Edad de Hielo

BIENVENIDO A LA EDAD DE HIELO

Viaja con nosotros a la última Edad de Hielo y descubre cómo vivieron los pequeños grupos de cazadores-recolectores durante este largo período de nuestra Historia más antigua. Descubrirás:

- Los diferentes tipos de casas en las que vivieron las comunidades de la Edad de Hielo.
- Cómo recolectaban y cazaban los recursos que necesitaban para sobrevivir en un paisaje en continuo cambio.
- Cómo nuestros antepasados elaboraron herramientas y objetos; y realizaron obras de arte y de joyería.
- Cómo su forma de vida tuvo escaso impacto sobre el medioambiente en el que vivieron.

El período de tiempo al que nos referimos como "La última Edad de Hielo" también se denomina "Paleolítico Superior" o "Edad (reciente) de la piedra tallada". Puede ser una de las etapas más importantes en la historia humana, ya que los científicos que la han estudiado tienen pruebas de los enormes cambios ocurridos en nuestro pensamiento, comportamiento y desarrollo en esta fase temprana de nuestra existencia. Conocer este complejo y emocionante pasado nos permitirá comprender mejor cómo estas personas aprovecharon su entorno. Y puede ayudarnos a apreciar más nuestro planeta y a tener una mayor consciencia de lo que significa ser humanos.

Hace 50.000 años

Humanos modernos en Europa

Hace 40.000 años

Los neandertales se extinguen en Europa

Hace 30.000 años

Última Edad de Hielo / Paleolítico Superior /

Hace 22–20.000 años Máximo Glacial (inviernos largos)

LÍNEA DE TIEMPO

Línea de tiempo desde la llegada aproximada de los humanos a Europa hasta la actualidad.

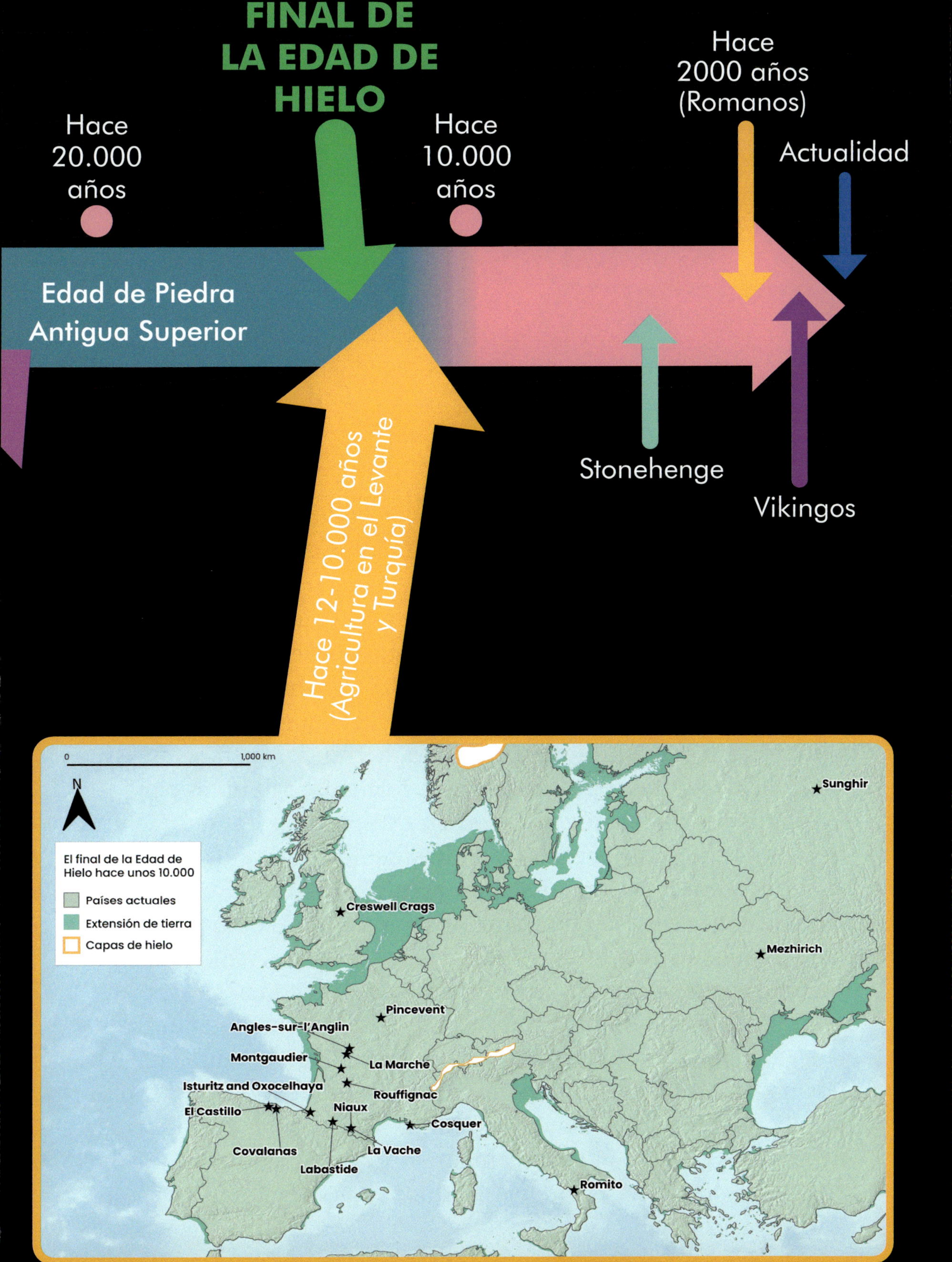
FINAL DE LA EDAD DE HIELO
Hace 20.000 años
Hace 10.000 años
Hace 2000 años (Romanos)
Actualidad
Edad de Piedra Antigua Superior
Stonehenge
Vikingos
Hace 12-10.000 años (Agricultura en el Levante y Turquía)
0
1,000 km
N
El final de la Edad de Hielo hace unos 10.000
Países actuales
Extensión de tierra
Capas de hielo
Sunghir
Creswell Crags
Mezhirich
Pincevent
Angles-sur-l'Anglin
Montgaudier
La Marche
Isturitz and Oxocelhaya
Rouffignac
El Castillo
Niaux
Cosquer
Covalanas
La Vache
Labastide
Romito

Grabado de leones de la caverna de La Vache, Francia. ¡Parece que los leones de la Edad de Hielo no tenían melena!

Las personas que encontrarás en este libro vivieron en Europa durante la Edad de Hielo, por lo que muchos de los que vivimos aquí hoy somos sus descendientes directos. Los humanos siempre nos hemos desplazado por el planeta, incluso antes de la Edad de Hielo y hasta el día de hoy; a menudo, a grandes distancias. Así que la población europea actual está formada, también, por los descendientes de los que vivieron en otras partes del mundo en ese momento. Aprenderemos de unas gentes que se denominan **biológicamente "humanos modernos"** (también conocidos como *Homo sapiens*), lo que significa que eran casi como nosotros. Eran, al menos, tan inteligentes como nosotros, solo que no tenían los conocimientos que hemos adquirido con el tiempo. Su cultura y su estilo de vida fueron muy diferentes a los nuestros en la actualidad. Vivieron desde los aproximadamente 40.000 años hasta los 12.000, cuando la última Edad de Hielo (episodio glacial) terminó y la mayoría (aunque no todos) de nuestros antepasados se convirtieron, finalmente, en agricultores. En la actualidad, hay alrededor de 10 millones de personas vivas en

diferentes partes del mundo que todavía tienen un **estilo de vida cazador-recolector.** Algunas viven en condiciones desérticas en África y Australia, otras son pastores de renos en Siberia. Muchas poblaciones **indígenas** viven en Canadá y en el Ártico; y otras, en los bosques tropicales húmedos.

Sabemos que a las poblaciones que vivieron durante la Edad de Hielo se les daba bien inventar cualquier cosa que les ayudarse a superar las condiciones difíciles en las que tuvieron que vivir. Según conocemos, los humanos de la Edad de Hielo (nuestros antepasados directos) vivieron hace miles de años y no tenían un lenguaje escrito ni forma de calcular el paso del tiempo o medir cosas, como lo hacemos nosotros. Podrías preguntarte cómo se las arreglaban para organizarse y planear el futuro sin las comodidades con las que contamos hoy. Y lo más importante, ¿cómo enseñarían a la siguiente **generación** todo lo necesario para sobrevivir en un clima y en un medioambiente en cambio constante?

Uro salvaje grabado en Romito, Italia

Retrocedamos decenas de miles de años para averiguar cómo vivían estas antiguas poblaciones. Obviamente muchos de ellos debieron sobrevivir o no estaríamos aquí hoy y es fascinante pensar que parte de nuestros conocimientos y muchas de nuestras habilidades han sido transmitidas de boca en boca, de padres a hijos por más de mil generaciones. Esto solo cambió cuando se inventó el lenguaje escrito y las personas pudieron anotar sus conocimientos e historias.

Nuestros antepasados de la Edad de Hielo fueron personas resolutivas que sobrevivieron a un medio que no era frío todo el tiempo, pero sí más frío que el que existe en Europa hoy (unos 5 o 6 grados más frío que en la actualidad).

Tuvieron que hacer frente a rápidos cambios climáticos que alteraban el paisaje a su alrededor, la vegetación y las especies animales que cazaban. En ocasiones, estos grandes cambios vinieron acompañados de migraciones de animales. Es decir, los animales se desplazaban y, por tanto, los humanos que los seguían, también. Esto los llevaría, posiblemente, a cambiar algunos aspectos de su estilo de vida e, incluso, el tipo de herramientas que necesitaban.

Durante la última Edad de Hielo, las personas vivieron en grupos familiares amplios, y los niños constituirían una gran parte de estas comunidades. Los cazadores-recolectores, tanto del pasado como actuales, viven de forma diferente a nuestra moderna sociedad occidental, donde lo habitual es una estructura familiar formada por dos progenitores y sus hijos.

La estructura de una familia extensa significa que la responsabilidad de la educación/crianza de los niños se amplía desde el núcleo familiar estrecho hasta los tíos, tías, primos y abuelos, por ejemplo. Hay fuertes vínculos entre los miembros de la familia. También, en algunas comunidades recolectoras, los niños son considerados responsabilidad de todos los adultos, que les enseñan sus valores y costumbres; cómo comportarse con otros y, lo más importante, las destrezas que necesitan para sobrevivir. Ser un buen padre es algo muy valorado en estos grupos **indígenas**, que también tienen la responsabilidad de cuidar a sus enfermos, discapacitados y ancianos.

Para ayudarnos a comprender cómo era la vida de las familias que vivieron durante la Edad de Hielo, vamos a echar un vistazo a los trabajos que los adultos tenían que hacer para asegurar su propia supervivencia y la de sus hijos. Es una tontería pensar que estas antiguas comunidades tuvieron mucho tiempo libre. Nuestros antepasados de la Edad de Hielo estarían muy ocupados durante las horas de luz, e incluso los niños pequeños aprenderían a ser útiles desde edades muy tempranas, como los niños cazadores-recolectores hacen en la actualidad.

Muchas actividades infantiles les ayudarían a aprender todo lo necesario para sobrevivir como:

- Hacer fuego para calentarse o cocinar.
- Resguardarse de las temperaturas heladoras.
- Reconocer cuándo la comida está estropeada (podrida/ **putrefacta**, dañada) o es tóxica (venenosa).
- Cómo y dónde atrapar y cazar mejor a los animales.
- Y estar seguros de poder encontrar el camino de regreso a casa ¡sin un mapa!

Es probable, también, que los niños hubieran aprendido cómo fabricar su propio set básico de herramientas. En la Edad de Hielo se hicieron muchísimos instrumentos, al principio, de piedra (raederas, cuchillos, perforadores, etc.), afilando el sílex. También se hicieron útiles sobre hueso, asta y marfil de mamut. Habría, por supuesto, muchas herramientas de madera u otros materiales orgánicos, pero estas no se han conservado.

Muchas actividades serían estacionales, por lo que tendrían formas de predecir los cambios del clima y la **migración** de las manadas; y prepararse con antelación.

Que la caza fuera la ocupación más importante durante la Edad de Hielo es, también, un mito, pues hubo otras muchas tareas vitales que hacer. Las personas vivieron cerca de los ríos o arroyos ya que necesitarían recoger agua regularmente. Los humanos solo sobrevivimos una media de 3 días sin beber agua. Seguramente, no irían al río cada vez que necesitaran beber, así que podemos deducir que en algún momento estos primeros seres humanos aprenderían a construir contenedores para almacenar gran cantidad de agua.

Montón de excrementos de animal (estiércol) en una aldea de la India. ¡Las gentes de la Edad de Hielo pudieron quemarlos también!

Donde hay ríos y arroyos, también hay peces y los animales acuden a beber; lo que les daría la oportunidad de acechar y capturar alguna criatura desprevenida que apareciera en la orilla.

Aparte de recoger agua, sería fundamental encontrar madera suficiente para hacer fuego. Los **arqueólogos** han hallado los restos de innumerables fuegos y hogares en abrigos rocosos y en cuevas, que pudieron usarse para iluminar, calentarse, cocinar y para mantener a los depredadores peligrosos como el león alejados de las cavernas.

En las épocas cálidas de la Edad de Hielo, habría muchos árboles y arbustos de los que obtener leña, pero en los momentos más fríos, algunas regiones tendrían muy pocos árboles o ninguno. Así que, cuando la leña escaseara, quemarían huesos de animal e, incluso, estiércol (excrementos de animal). Pero, en ningún caso sería agradable hacerlo en el interior de un abrigo rupestre, pues ambos desprenden un humo espeso y apestoso.

¿Cómo Eran Las Personas?

¿Cómo podemos saber cómo eran estas poblaciones? Hay dos métodos: primero, tenemos los esqueletos, que nos dicen que estas eran aproximadamente del mismo tamaño que nosotros. Los hombres medían 1,8 metros de media y las mujeres en torno a 1,66 m. Los huesos también indican que eran fuertes y robustos, con músculos bien marcados, especialmente los de las piernas. Además, los esqueletos sugieren la edad a la que murieron (con ejemplos desde niños recién nacidos a personas de unos 60 años). Si sus cráneos se han conservado bien, entonces artistas-científicos pueden reconstruir sus caras, dándonos retratos bastante precisos, aunque por supuesto muchos aspectos solo pueden ser suposiciones (el tamaño y la forma de la nariz y las orejas, el color de los ojos y del pelo, la presencia o ausencia de barba y bigote, y el largo o el estilo del pelo).

Reconstrucción artística de una mujer que vivió durante el último período de la Edad de Hielo

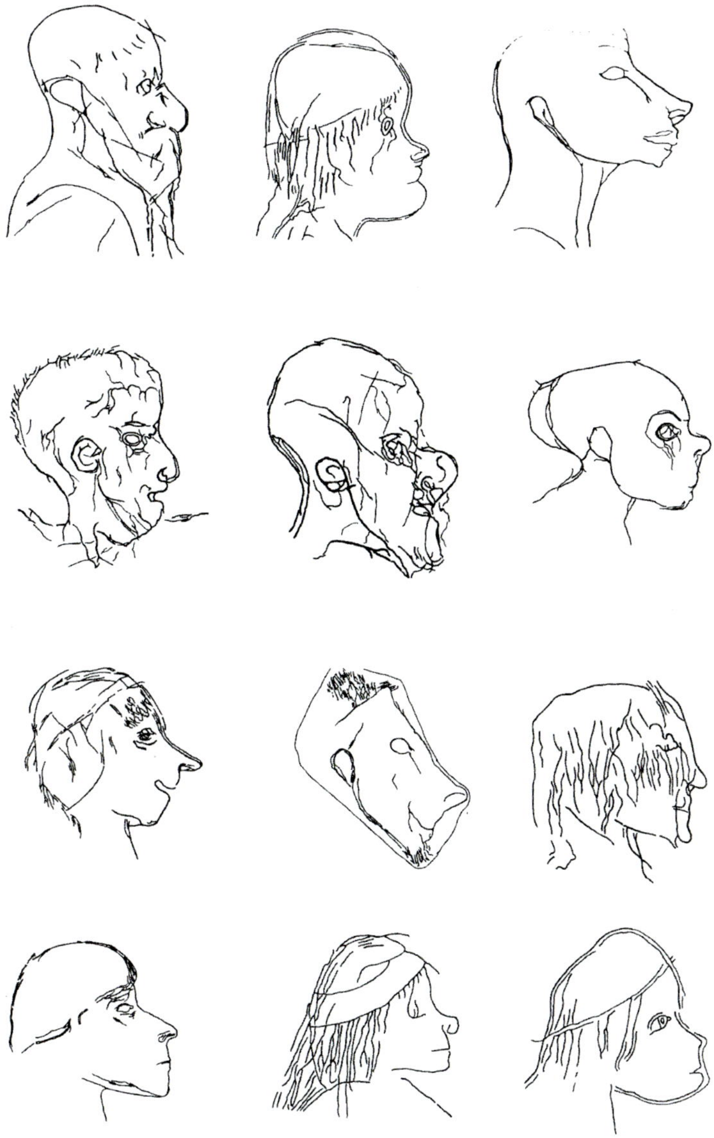

Algunos de los retratos humanos grabados en La Marche, Francia

Por suerte, también hubo artistas en la Edad de Hielo, que nos han proporcionado una segunda fuente de información. Si bien, la mayoría de ellos dibujaron animales, también representaron personas y, el yacimiento de La Marche, en Francia, alberga muchas de ellas, grabadas sobre plaquetas de piedra. Muestran una galería completa de personajes de hace 17.000 años. Como puedes ver, ¡se parecían a nosotros!

¿Dónde vivieron?

Aunque muy a menudo hablamos de los "hombres de las cavernas", las gentes de la Edad de Hielo no vivían en el interior de las cuevas (que serían húmedas e incómodas). Sino que vivían en la entrada de las cavidades (como en la de Creswell Crags en Inglaterra) y en iluminados abrigos rocosos. También vivieron al aire libre, usando tiendas y cabañas (estas desaparecieron hace mucho tiempo, pero podemos deducir su forma y tamaño a partir de los hogares y de la basura dejada dentro o alrededor de ellas). En algunas zonas del centro y este de Europa, donde los huesos de mamut eran abundantes, las cabañas se construyeron con cráneos de mamuts, mandíbulas, colmillos y otros huesos enormes.

Recreación de una cabaña hecha con huesos de mamut en Mezhirich, Ucrania. Posiblemente, estaría cubierta con pieles o, quizá, con ramas o vegetación.

En algunos yacimientos, se recogieron y colocaron cientos de pequeñas placas de piedra como una especie de suelo. Los científicos han encontrado también polen en muestras de estratos que indican que a veces llevaron hierbas y flores a las casas, posiblemente para las camas y los asientos. En una cueva alemana, la cantidad de grasa hallada en un estrato señaló que el suelo estuvo cubierto de pieles de grandes mamíferos, mientras que en la cueva de La Garma, en España, hay evidencia de que la piel de un león de las cavernas se utilizó como alfombra.

Está claro que las personas de la Edad de Hielo tenían campamentos principales (algunos estacionales, otros permanentes) y campamentos de caza secundarios (cazaderos). Un buen ejemplo se encuentra en Pincevent, en Francia. Tenemos evidencias de que los cazadores lo visitaron hace unos 13.000 años, al menos en 15 ocasiones, siempre entre abril y octubre (siguiendo las migraciones de las manadas de renos). Vivían en tiendas ligeras y desmontables, que llevaban con ellos cuando se movían. Sabemos que necesitaron la piel de 35 renos para cubrir cada tienda (hecha sobre una estructura de postes de madera). Cada tienda podría albergar a unas 4 ó 5 personas y se hallaron 11 en este asentamiento temporal, dando cobijo a alrededor de 50 personas. Los **desechos** que dejaron muestran claramente las zonas donde confeccionaban las herramientas de piedra, se procesaban las pieles o se cocinaban los alimentos. En otros yacimientos se han encontrado restos de la elaboración de herramientas, cuentas y obras de arte sobre hueso, asta y marfil.

Recreación de una tienda de Pincevent

Caso de Estudio. Los Dos Niños de Sunghir

Hace unos 25.000 años, dos niños fueron enterrados en un campamento de caza en Sunghir (actual Rusia). Estos chicos tenían entre 10 y 12 años y aunque se enterraron juntos, no tienen ningún parentesco.

Probablemente, estaban vestidos con pieles de reno, con miles de pequeñas cuentas de marfil que han sido encontradas en la tumba, cosidas a sus ropas y gorros. Las líneas de cuentas a lo largo de sus piernas, rodeando las rodillas, los tobillos y los pies indican que sus pantalones estaban cosidos a sus zapatos. En el chico más mayor, 250 caninos de zorro (un zorro tiene solo 4 caninos) estaban prendidos a lo que debió ser un cinturón.

El niño más joven encontrado en el enterramiento tenía los fémures (el fémur es el hueso superior de la pierna) cortos y arqueados, lo que le causaría dolor y dificultades para caminar. Sin embargo, los huesos de la parte superior de su cuerpo eran extremadamente robustos, lo que significa que trabajó mucho tiempo sentado. Además, como era un niño muy pequeño, tendrían que llevarlo en brazos a menudo.

Cuando los dientes del chico más mayor fueron examinados en el laboratorio, se observó que no estaban apenas desgastados y que su mandíbula inferior era débil, por lo que le costaba masticar la carne. Normalmente, los dientes hallados de la Edad de Hielo están muy desgastados por comer alimentos **fibrosos** y cubiertos de arena, ya que extraerían los **tubérculos** y las raíces del suelo y no se preocuparían de quitar los restos de tierra y arena; dañando sus dientes.

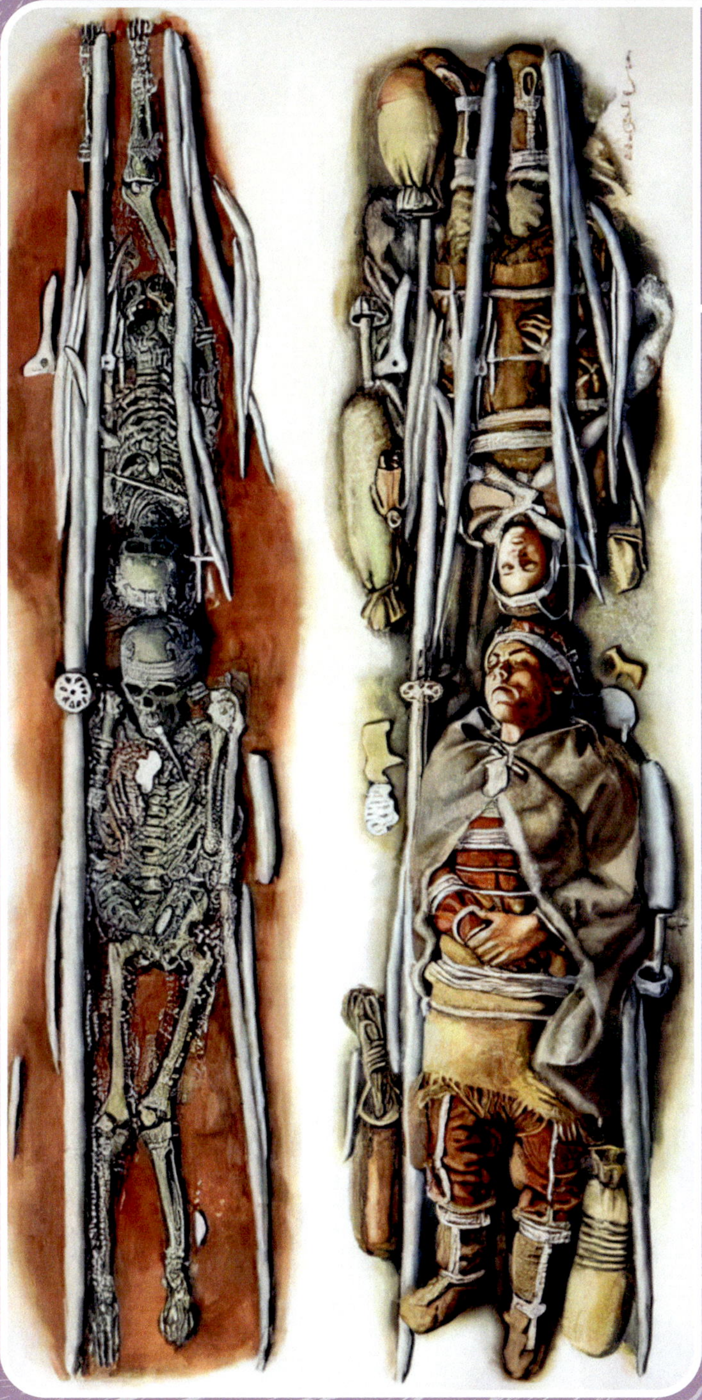

Imagen reconstruida de las prendas de vestir y las joyas (adornos) encontradas en el enterramiento de Sunghir

Sin embargo, los análisis científicos de los huesos del chico revelan que en su dieta no faltaba la proteína. Así que, podemos concluir que esta procedería de invertebrados como gusanos, insectos, arañas, caracoles y babosas. ¡Ñam, ñam!

La Alimentación en la Edad de Hielo

Los seres humanos necesitamos consumir 13 millones de calorías de comida desde la infancia hasta los 18 años. ¡Eso son unas 250.000 manzanas! Es mucha comida que conseguir y es probable que, a veces, los alimentos escasearan. La cantidad de comida almacenada sería limitada. Para ello, se secarían las sobras de carne y pescado, o se congelaría la comida si la nieve o el hielo tenían suficiente espesor. Además, los alimentos tuvieron que almacenarse cuidadosamente para que otros animales que merodeaban, no pudieran comérselos.

Alimentando a una familia de la Edad de Hielo

La misión más importante para un grupo humano en la Edad de Hielo sería asegurar la comida diaria suficiente para alimentar a todos. Esto implicaría las siguientes tareas:

- Cazar y trocear (descuartizar) los animales
- Capturar con redes o trampas pequeños animales; por ejemplo, conejos
- Pescar y limpiar el pescado
- Recolectar alimentos de temporada: raíces, plantas, pequeñas moras y nueces, y cuando fuera posible, huevos de pájaros de sus nidos
- Preparar y cocinar los alimentos como la carne, el pesado o el tuétano

¿Te habría gustado aprender estas tareas necesarias para hacer la comida en la Edad de Hielo?

La disponibilidad de comida para nuestros antepasados dependería mucho del clima del momento —que cambió mucho a lo largo de los miles de años que dura la última Edad de Hielo—y del lugar concretos (en las diferentes regiones y hábitats). Por ejemplo, hizo mucho más frío en el costa norte de España, donde las poblaciones se especializaron en la pesca con arpón y en la caza de focas en el mar.

Los animales que podían cazar o pescar dependían de las costumbres migratorias de estas especies en las diferentes estaciones del año. Sabemos que las personas se movían de un lugar a otro, y que tuvieron más de una casa fija. Probablemente, redujeron así las posibilidades de cazar algún animal en peligro de **extinción** y de agotar los recursos locales. La caza menor de conejos o de pájaros podía complementar la dieta, pues eran alimentos seguros en los períodos en los que no había nada más que cazar. Seguramente nuestros antepasados de la Edad de Hielo hicieron todo lo posible para aprovechar los recursos alimenticios y no desperdiciarían ni un bocado de comida. En los **desechos** de los huesos de animales que los **arqueólogos** han hallado en las cavidades, no quedan restos de carne ni de tuétano.

Dibujo de un mamut lanudo en la cueva de Rouffignac, en Francia

ALIMENTOS POSIBLES EN LA EDAD DE HIELO EUROPEA:

- Reno, ciervo, megaloceros (ciervo gigante), cabra, rebeco, caballo, bisonte, alce, mamut lanudo, rinoceronte y antílope saiga.
- Pequeños mamíferos: conejos y liebres.
- Pájaros (y sus huevos), aves acuáticas.
- Peces de mar (marinos) y de río (fluviales).
- Focas, peces marinos, crustáceos, mariscos y algas.
- Moluscos (lapas y bígaros), ostras, almejas, mejillones.
- Invertebrados: cochinilla, gusanos, babosas y caracoles.
- Nueces, moras, ruibarbos, frutos, hierbas, plantas comestibles y setas.
- Granos de cereales silvestres.

¿Preferirías cazar y recolectar tu comida cada día o ir al supermercado?

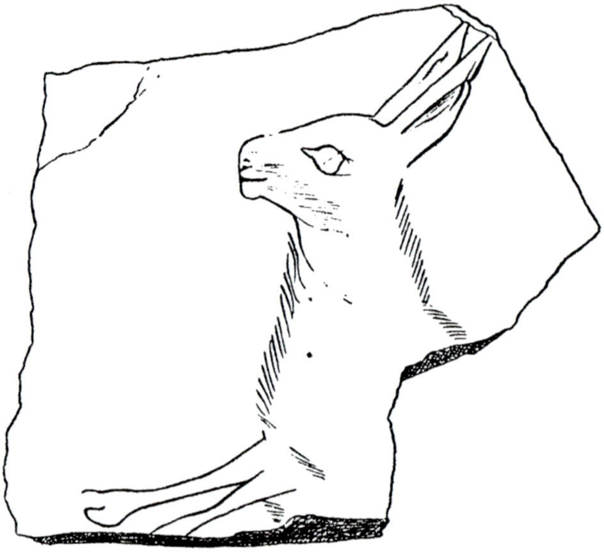

Un grabado paleolítico sobre piedra de una liebre de la cueva de Isturitz, Francia

Lo que comían nuestros antepasados puede darnos mucha información sobre cómo era su salud. Es imposible saber la fiabilidad del suministro de alimentos de una estación a otra, por lo que les preocuparía su escasez. Si el clima se hacía más riguroso (severo), si cambiaban los patrones de **migración** de los animales, o si se perdía la **recolección** de plantas y **tubérculos**, las familias y sus comunidades no tendrían suficiente para comer. Probablemente hubo períodos de hambrunas a lo largo de los miles de años de la Última Edad de Hielo, y las personas que sobrevivieron fueron, casi seguro, las más fuertes y resistentes (sus antiguos genes han llegado hasta nosotros, por lo que tenemos mucho que agradecerles). También, aprenderían los beneficios de compartir su comida con otras familias que les devolverían el favor en un futuro. Posiblemente, durante la Edad de Hielo las personas

Escena de focas, peces y anguilas grabadas sobre un asta en la cueva de Montgaudier, Francia

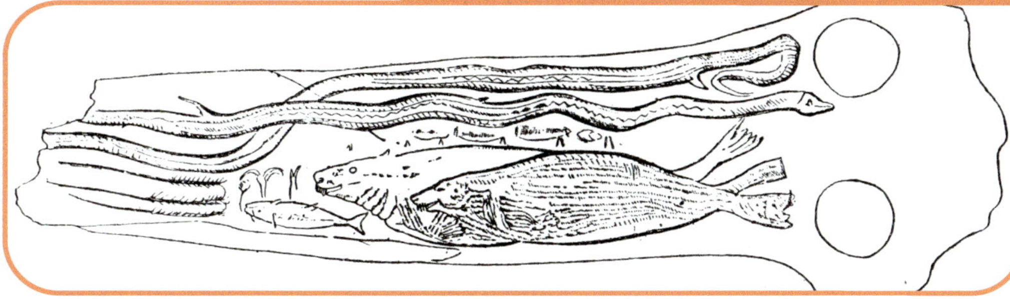

comieron todo lo que podían y que era posible comer. Podrían incluso haber comido alimentos putrefactos. De hecho, algunos cazadores-recolectores modernos encuentran la comida podrida deliciosa, con o sin gusanos como acompañamiento.

Es probable que todos aprendieran a cazar, incluidos los niños. Hombres, mujeres, niños y ancianos recolectarían cualquier cosa que se pudiera comer. Los niños perseguirían y capturarían pequeños animales como hacen los niños cazadores-recolectores hoy. Los niños de la Edad de Hielo aprendieron cómo trocear los animales y extraer el tuétano de los huesos. No es una tarea fácil por lo que empezarían, probablemente, con pequeños animales como conejos o liebres antes de enfrentarse a animales más grandes como los ciervos.

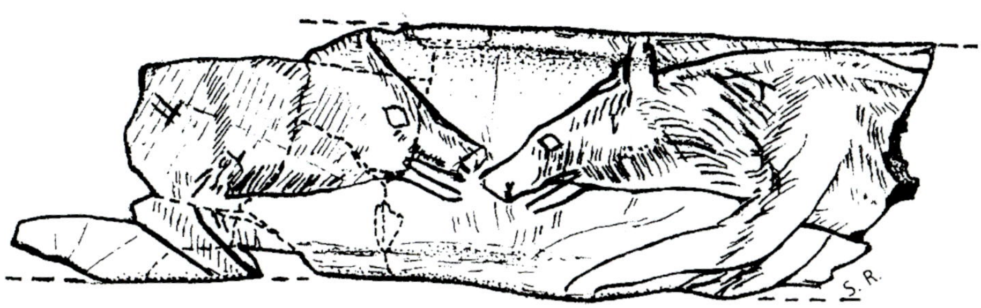

Lobos grabados en un hueso del yacimiento de La Vache, en Francia

¿Estaban en Forma y Sanos?

Nuestros antepasados más antiguos fueron activos y tuvieron que estar en buena forma física para sobrevivir. Los adultos y los niños tenían que ir andando a todas partes para recolectar comida, agua, leña y cantos de piedra para sus herramientas. Necesitaban correr rápido para perseguir a sus presas y caminar o escalar por terrenos accidentados y elevados para atraparlas y después llevarlas hasta su campamento. Por ello, tendrían huesos y músculos fuertes. Sin embargo, sería una vida muy dura para los heridos y ancianos, sobre todo si necesitaban arrastrar cargas muy pesadas hasta el campamento o el abrigo. Preparar las pieles de animal y descuartizar a los grandes animales con las herramientas que tenían implicaba un trabajo manual duro. Sin embargo, las gentes de la Edad de Hielo no necesitaron ser "supersanas" porque estaban en forma.

Reconstrucción de una mujer de la Edad de Hielo durante su embarazo

Cabeza de caballo esculpida
de Angles-sur-l'Anglin, Francia

Nuestros antepasados más antiguos fueron activos y tuvieron que estar en buena forma física para sobrevivir. Los adultos y los niños tenían que ir andando a todas partes para recolectar comida, agua, leña y cantos de piedra para sus herramientas. Necesitaban correr rápido para perseguir a sus presas y caminar o escalar por terrenos accidentados y elevados para atraparlas y después llevarlas hasta su campamento. Por ello, tendrían huesos y músculos fuertes. Sin embargo, sería una vida muy dura para los heridos y ancianos, sobre todo si necesitaban arrastrar cargas muy pesadas hasta el campamento o el abrigo. Preparar las pieles de animal y descuartizar a los grandes animales con las herramientas que tenían implicaba un trabajo manual duro. Sin embargo, las gentes de la Edad de Hielo no necesitaron ser "supersanas" porque estaban en forma.

Las **infecciones con parásitos** como los gusanos o la solitaria (tenia) estarían presentes casi constantemente en los intestinos de nuestros antepasados. Si el chico mayor de Sunghir obtuvo la proteína de babosas y gusanos, sus posibilidades de infección con parásitos aumentarían. Los investigadores han encontrado huevos de gusanos parásitos intestinales en el material fecal (caca) hallado en las muestras de tierra de una cueva en el norte de Francia. Pueden haber sido dejados allí por un oso de las cavernas (que visitó esta misma cueva), pero los científicos están casi seguros de que los huevos estaban dentro de excrementos humanos. Parece, pues, que nuestros antepasados de la Edad de Hielo ¡no aprendieron a lavarse las manos antes de comer!

También se han detectado **infecciones por hongos**. Las condiciones frías exigieron que las personas de la Edad de Hielo estuvieran continuamente vestidas con ropas de piel de animal, aún con riesgo para su salud. Los parásitos y las infecciones por hongos pueden transmitirse a los humanos de diversas formas, y estas infecciones (aun leves) dejan marca en los huesos humanos; especialmente, en los de los niños más pequeños. El mayor de los niños de Sunghir tenía marcas en su columna vertebral de una infección que probablemente comenzó en la piel.

Otros visitantes regulares del cuerpo de nuestros antepasados de la Edad de Hielo fueron los **piojos**, a quienes les encanta agarrarse a los humanos (a la ropa, al pelo, incluso a las barbas y a las cejas). Un estudio reciente sugiere que los piojos, al igual que los gusanos intestinales, ayudarían a los humanos a desarrollar inmunidad contra los **patógenos**. Así que, quizá, tener bichos en sus pantalones les ayudó a mantenerse sanos.

Cuando los humanos comenzaron a usar el fuego para cocinar, el humo, las cenizas y el polvo pudieron provocarles enfermedades pulmonares como la tuberculosis, e incluso algunos tipos de cáncer.

¿AROMAS AGRADABLES O TERRIBLES OLORES?

¿Nuestros antepasados de la Edad de Hielo apestarían? Seguro que olerían diferente a nosotros, más parecidos a los animales, cuyas pieles usaban como prendas de abrigo. Quizá, incluso, encontraran ese olor agradable. La higiene personal no se consideraría importante y la suciedad no tendría ningún efecto en su salud a largo plazo, porque incluso los bebés se inmunizaron ante la mayoría de los **patógenos** que hoy nos hacen enfermar. Puede que las personas se lavaran en los ríos o que usaran la nieve para limpiarse cuando fuera posible, pero al mismo tiempo, no lo verían como algo necesario.

Si nuestros antepasados de la Edad de Hielo hablaban de "mal olor", ¿qué palabra habrían usado?

Los fuegos, especialmente los procedentes de la quema de huesos, serían dañinos sobre todo para la salud de bebés y niños. El humo es sucio porque se pega a la ropa y al pelo. Quizá esta es una de las razones por las que no vivieron en el interior de las cavernas, sino que prefirieron las bocas de las cuevas o los abrigos rocosos.

Nuestros cuerpos han desarrollado diferentes maneras de luchar contra las enfermedades: un ejemplo es la leche materna, que está provista de **anticuerpos** que son transmitidos directamente al intestino del niño (bebé) para protegerlo frente a un gran número de parásitos e infecciones dañinas; y como mencionamos antes, seguramente hubo parásitos en los intestinos de nuestros antepasados. Comían animales y no cocinarían suficientemente bien toda la carne como para eliminar las bacterias. También es posible que comieran el contenido de los estómagos de los animales y otros alimentos que estuvieran en mal estado. Supuestamente, algunos cazadores-recolectores modernos del Ártico consideran las aletas de foca podridas como una delicadeza.

Aunque no sabemos cuánta inmunidad a las infecciones tenían las personas de la Edad de Hielo, ni qué gérmenes les rodeaban, es muy poco probable que sufrieran tantas alergias como conocemos hoy, o que fueran alérgicos a los animales o al polvo de las cuevas. Las normas de limpieza modernas y el uso de desinfectantes explican por qué en la actualidad muchas personas tienen enfermedades **autoinmunes.**

Probablemente, estas sociedades aprendieron el uso de plantas medicinales y elaboraron remedios para algunos problemas de salud. Esto dependería del posible acceso a las plantas adecuadas en su entorno. De hecho, el **yodo** puede fácilmente extraerse de las algas y la piedra de hematite, rica en hierro (ocre rojo), se utilizó mucho a lo largo de la Prehistoria, por sus propiedades **antisépticas** y depurativas; incluso antes de que nuestra especie *Homo sapiens* entrara en escena.

¿Crees que somos demasiado limpios?

¿Preferirías lavar menos?

Esta asta tallada del sur de Francia podría ser la única representación de "caca" en la Edad del Hielo. Muestra a un cervatillo girándose para ver a dos pájaros apoyados en sus heces de gran tamaño. Esto significa que las gentes de la Edad de Hielo, como nosotros, tenían sentido del humor.

OTRAS POSIBLES ENFERMEDADES O CAUSAS DE MUERTE DURANTE LA ÚLTIMA EDAD DE HIELO PODRÍAN SER:

- Inanición / Hambruna y ausencia de minerales y vitaminas esenciales
- Accidentes y heridas como la rotura de huesos o heridas que se dejan infectar
- Hipotermia y congelación
- En los esqueletos de la Edad de Hielo se han hallado evidencias de infecciones en boca y encías

Hay pocas evidencias de violencia o de guerra en la Edad de Hielo. Seguramente, porque las personas necesitaban cooperar unas con otras y ayudarse en tiempos de necesidad. Intercambiar bienes y materiales como el sílex para sus herramientas con personas de otras áreas fomentaría buenas relaciones, al igual que tener buenos contactos comerciales en diferentes partes del mundo en la actualidad. Por ejemplo, no se cultivan cocos ni papayas en España por lo que tenemos que llevarnos bien con personas de otras partes del mundo que puedan enviárnoslos.

Es poco probable que las personas de comunidades alejadas hablaran el mismo idioma, así que ¿crees que pudieron compartir un lenguaje de signos u otras formas de comunicación?

¿Cuidaban de sus enfermos y discapacitados?

Hasta hoy los **arqueólogos** han encontrado unos doscientos enterramientos de la Edad de Hielo, y solo en un pequeño número de estos se localizaron niños o adultos con alguna discapacidad. Esto significa que nuestros antepasados se cuidaban mutuamente y eran compasivos, apoyando a las personas de su grupo que necesitaban ayuda para sobrevivir y que no podían contribuir tanto como otros a la carga de trabajo diario.

En un abrigo rocoso en Italia, los **arqueólogos** encontraron los restos de un esqueleto, al que llamaron Romito. Probablemente, fue un chico joven (aunque sin una prueba de ADN no podemos estar seguros) y tenía en torno a 16-18 años cuando murió. Este joven tenía una estatura baja (en torno a 1,27 metros) y todos sus huesos largos estaban deformados y medían la mitad del tamaño medio de las extremidades, una condición normalmente asociada al enanismo.

Se piensa que la causa más probable del enanismo de Romito fue una **mutación genética**, y es el único ejemplo que tenemos de esta patología en las sociedades cazadoras-recolectoras de la Edad de Hielo. Dado el pequeño tamaño de las poblaciones del momento sería una enfermedad rara (poco desarrollada) hace 11.000 años.

Romito tendría dificultades para caminar y recorrer distancias sin ayuda y no podría usar las armas de caza, porque sus brazos eran demasiado cortos y estaban arqueados; teniendo dificultad para doblar los codos. Para sobrevivir desde su más temprana infancia, Romito recibiría apoyo para afrontar su discapacidad. Sin embargo, desconocemos qué capacidades y talentos pudo desarrollar en su comunidad.

Para un grupo nómada cazador-recolector, las migraciones a otros lugares eran una necesidad y no pudo ser fácil para Romito mantener el ritmo de los otros, sin sufrir un gran dolor. Solo con la ayuda y la protección de su familia extensa pudo Romito llegar a sobrevivir hasta el inicio de la edad adulta.

El esqueleto de Romito

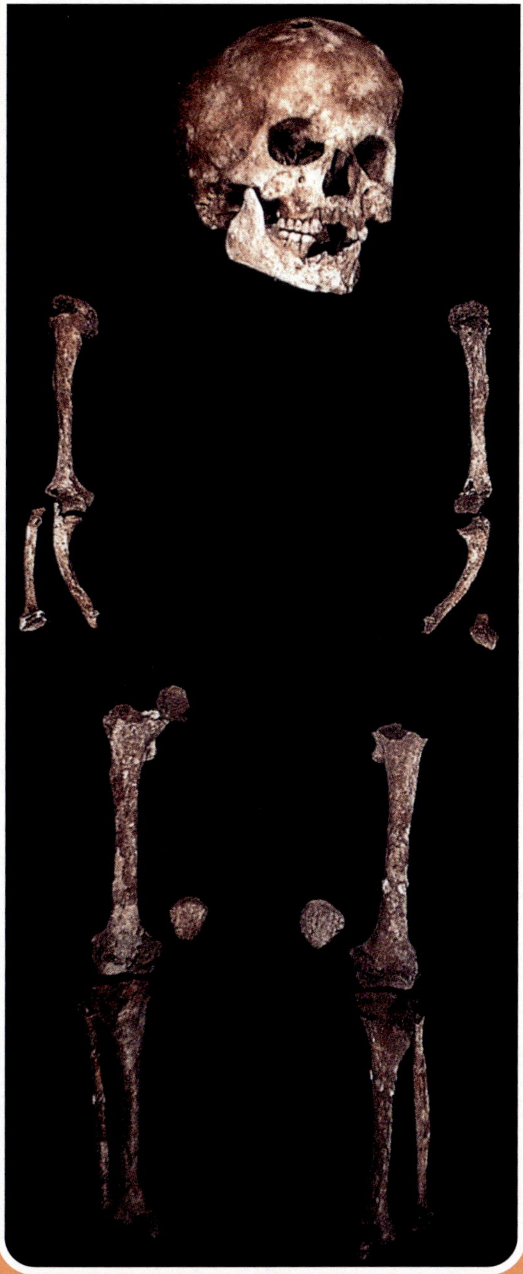

Confeccionar la Ropa en la Edad de Hielo

Asegurar que todos (especialmente los bebés y los niños) tuvieran la ropa adecuada sería vital para hombres, mujeres y niños de la comunidad. Lo mismo sucede hoy con cazadores-recolectores modernos como los Inuit, que viven en las regiones cercanas al Polo Norte, y necesitan llevar pieles cálidas de animal para protegerse de las bajas temperaturas. La principal estación de caza para nuestros antepasados sería el verano, siendo frecuente que la preparación y la costura de las pieles tuviera lugar en el otoño, cuando las familias se dedicaban a atrapar pequeños animales como alimento.

Cuando nos paramos a pensar en la ropa de protección que estas personas necesitaron durante la Edad de Hielo, llama la atención el trabajo que requería confeccionar atuendos que debían resistir temperaturas bajo cero. Además, la piel de animal se desgasta, por

Cosas que las personas hacían en la Edad de Hielo

- Preparar las pieles de animal y los pelajes para confeccionar ropa.
- Confeccionar textiles para ropa, cuerdas y redes.
- Fabricar recipientes a partir de pieles de animal y plantas.
- Recolectar piedra, hueso, asta y ocre para las herramientas.
- Ocre para pintar y con propósitos medicinales.
- Elaborar herramientas como agujas y punzones para coser la vestimenta, las cuentas y la orfebrería.

Impresión de textil sobre la pared de la Cueva Cosquer

lo que necesitarían renovar su ropa cada año, empleando mucho tiempo y esfuerzo.

El invento de la ropa probablemente llegó cuando el clima en Europa se hizo más frío y los humanos necesitaron protegerse de las severas condiciones climáticas. Las ropas ajustadas hechas de cuero de animal podían retener el calor del cuerpo en su interior y proteger, a quien las llevara, del viento, del frío y de la humedad. La Edad de Hielo en Europa tuvo una temperatura media de 5 o 6 grados menor a la actual, similar a la que hoy en día existe en Noruega o Suecia.

Al enfriarse el clima, las personas se verían obligadas a trasladarse hacia el sur para encontrar lugares más cálidos donde vivir. Durante los meses de verano, llevarían ropa más sencilla y ligera, pero durante las épocas glaciares, llevar prendas **"térmicas"** significaría la diferencia entre la vida y la muerte, sobre todo para los niños y los bebés. Probablemente llevaran herramientas como agujas para hacer cualquier reparación rápida de sus ropajes. Lleva

Dibujo de una aguja perforada, punzones de hueso y una pieza de hueso ranurada encontrada en Church Hole, en Creswell Crags

mucho tiempo producir prendas de vestir de cuero de animal, y es probable que se hicieran en un momento particular del año cuando todavía había sol y suficientes horas de luz para trabajar al aire libre. La preparación de la piel requiere luz solar, así que el invierno sería demasiado frío para que el proceso tuviera éxito. Merece la pena también señalar que el cuero de los animales (las pieles) es más grueso en el invierno, lo que supondría, más trabajo.

Probablemente, para el trabajo de las pieles se usaron muchas herramientas de hueso y asta (**espátulas**, pulidores, **alisadores**) y de madera, aunque estas últimas se pudrirían, siendo muy raro encontrarlas. Los adultos y niños aprenderían cómo procesar las pieles y producir de forma efectiva prendas de ropa y calzado.

¿CÓMO PREPARARON LA PIEL DE ANIMAL PARA CONFECCIONAR LA ROPA?

1. Separar la piel del animal y atarla a una estructura de madera para estirarla, antes de raspar con el filo de una raedera todo el tejido muscular y la grasa de la superficie interna.
2. Quitar todo el pelo haciendo sudar la piel durante unos días: las bacterias naturales debilitan el pelo desde la raíz.
3. Remojar, lavar y trabajar la piel repetidamente.
4. Colocar la piel contra un gran tronco de madera o una piedra, y raspar el vello* con un útil de borde romo.
5. El cuero se seca al sol para **"curarlo"**. Después se remoja de nuevo y se trabaja, arruga y seca hasta que el tejido está suave (el trabajo consiste en golpear, raspar y pulir en todas las direcciones a medida que se seca).
6. El secado puede completarse ahumando la piel lentamente sobre un fuego encendido hecho de restos de leña bajo una tienda de piel improvisada. Esto esteriliza y hace las pieles más flexibles.
7. Las pieles pueden ser impermeables al frotar la superficie con grasa cocinada de animal.

* Los pelos de los animales extraídos de las pieles pueden convertirse en un valioso material (textil). Esto implica trabajar el cabello con una mano y pie a la vez, una simple tarea que cualquiera puede hacer. Al mismo tiempo, el vello se trenza para hacer redes o cuerdas; y las cerdas pueden usarse para hacer brochas y pinceles para pintar las cuevas.

¿Te habría gustado hacer tu propia ropa en la Edad de Hielo en vez de comprarla como hacemos hoy?

Se calcula que se necesitarían unas 300 horas de trabajo y el tratamiento de 27 pieles de reno para confeccionar la ropa de una familia de cinco personas; incluyendo ropa interior y exterior, guantes, botas, medias, etc.; sin tener en cuenta las pieles necesarias para hacer los sacos de dormir, los trineos, tiendas, etc. Este conjunto duraría, como mucho, dos años. Lo normal es que se sustituyera cada año debido al uso y al desgaste. Si las ropas estaban hechas de pequeños animales como zorros, se necesitaría mucha más piel y horas de trabajo (para atraparlos, desollarlos, **curarlos** y coserlos, entre otros).

Una vez tratadas, las pieles pueden convertirse en prendas de ropa y zapatos, o ser usadas para hacer tiendas y chozas. Posiblemente, los grupos humanos más antiguos tuvieron un estilo de vida sin residuos porque la preparación de las pieles suponía mucho tiempo y esfuerzo. De hecho, es probable que el reciclaje de cosas usadas comenzara en la Edad de Hielo. Cuando las ropas se desgastaran o se volvieran incómodas, o se infestaran de **piojos**, se usarían para otra cosa. Por ejemplo, puede que cosieran las pieles usadas juntas y las colgaran por encima de un abrigo rocoso para protegerse del viento y del frío, así como de los depredadores nocturnos. Pude que hicieran también mantas, sacos de dormir, cobertores para techos y tiendas, trineos para llevar a los bebés o pequeñas embarcaciones caseras tipo canoa; o recipientes para líquidos o para cocinar. Algunas tripas de animales se usarían como recubrimiento impermeable, mientras que sus vejigas servirían para hacer excelentes bolsas para transportar o almacenar líquidos. Casi seguro que tuvieron formas de conservar y almacenar la comida durante el invierno, pero sus contenedores estarían hechos de materiales perecederos, por lo que no sobrevivieron mucho tiempo.

Aunque ninguna prenda haya sobrevivido desde la última Edad de Hielo hasta hoy, los **arqueólogos** han hallado muchas de las

La cesta de Muraba'at de alrededor de 10.000 años

herramientas, como punzones y agujas, que usaron para procesar las pieles y hacer ropa. Cuando estas antiguas herramientas se examinan al microscopio, pueden verse las marcas que demuestran que estuvieron en contacto con pieles de animal.

Recientemente, los **arqueólogos** se han dado cuenta también que los tejidos y la cestería tuvieron una gran importancia en la Edad de Hielo. Aunque no se han documentado telas, sí se han encontrado impresiones de tejidos hechos de plantas silvestres sobre fragmentos de arcilla cocida y cruda. Estas muestran una gran variedad de técnicas y de estilos, con ocho tipos diferentes de cuerdas de material vegetal. Es posible que las gentes de la Edad de Hielo usaran tanto pieles como tejidos para elaborar redes de caza para animales pequeños, bolsos; y mantas con que cubrir el suelo y protegerse de las corrientes de aire en sus abrigos rocosos.

Dibujo de un hombre que fue enterrado en Sunghir, y una reconstrucción mostrando cómo podía ser su vestimenta

Dibujo de los restos de los dos niños de Sunghir. Había más de 10.000 cuentas de marfil de mamut en la ropa de los niños hallada en el enterramiento. Se estima que llevaría más de 3500 horas de trabajo experto producir tantas cuentas.

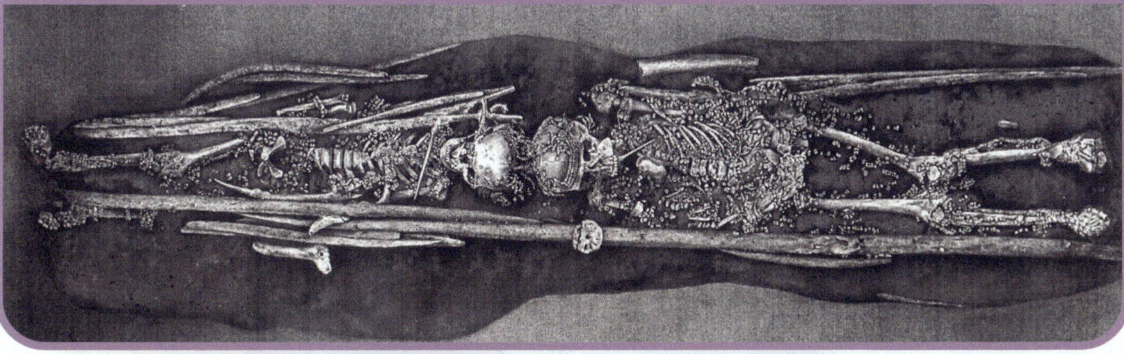

De acuerdo a la interpretación de los **arqueólogos**, las personas que vivieron en climas fríos llevarían abrigos de pelo muy similares a la vestimenta de las personas que viven en el Ártico hoy, con pantalones largos, calzado tipo mocasín o botas, y una especie de poncho o capa. Puede que los sujetaran con hebillas de marfil o botones de hueso y que se decoraran con muchas cuentas de marfil, como en los enterramientos de Sunghir.

Como los humanos no pueden caminar descalzos, durante la Edad de Hielo llevarían zapatos tipo mocasín o botas de suela dura (para andar sobre la nieve o el hielo), y sandalias, en el verano. Estos estarían hechos de piel de animal, como el conejo, o piel de pescado; o quizá de corteza de árbol en tiras cortada y tejida. Puede que usaran musgo seco para hacer el interior del calzado más cómodo.

En el lago Baikal, en una región de Siberia, se han hallado pequeñas figuras humanas hechas de marfil y datadas en la Edad de Hielo, que llevan cinturones, tocados, botones, brazaletes, zapatos, mochilas y monos completos.

Los numerosos huesos de zorro ártico, zorro rojo, lobezno y lobo hallados en los yacimientos de Rusia y de Siberia suponen que eran cazados por sus pieles; las más cálidas y efectivas para cubrirse y protegerse del frío.

Puede que los bebés fueran envueltos (enrollados) y después colocados y atados sobre una tabla, o unidos a una cesta hecha de fibras tejidas. En la parte inferior de la cesta se pondrían hierbas y musgo seco para hacer de pañal. Envolviendo al bebé se limitarían sus movimientos. Así no podría caerse o ponerse en peligro, y estaría a salvo de los depredadores elevándose a cierta altura del suelo. Para los traslados a otros campamentos, podrían usarse grandes cestas o **cunas** de madera portátiles; y un trineo para el transporte de los niños más mayores que podían mantener el ritmo del grupo.

Figurillas rusas hechas en marfil de mamut – podrían haber sido juguetes infantiles

Joyería y Artesanía

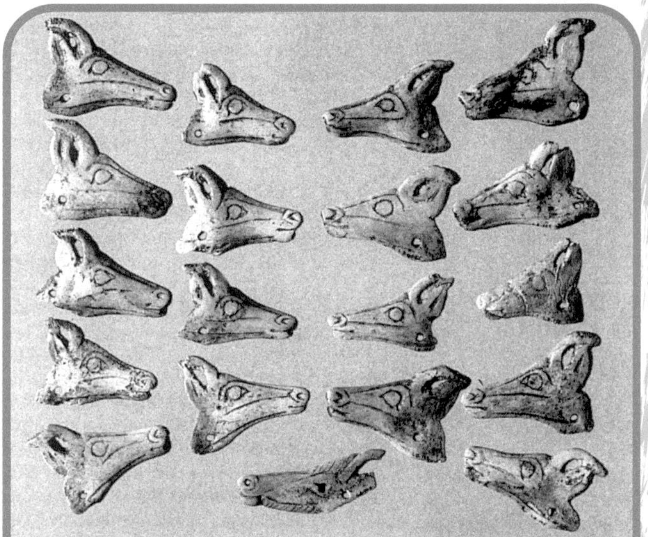

Colgante de la cueva Labastide, en Francia: Los fragmentos de hueso grabados posiblemente fueron colgados juntos mediante agujeros perforados con un cordel o pelo de la cola de un caballo.

Antes de la Edad de Hielo, las personas empezaron a hacer y a llevar adornos como conchas, dientes, trozos de hueso y de asta de animal. Sabemos esto porque los **arqueólogos** han descubierto algunos enterramientos espectaculares de la Edad de Hielo donde las joyas hechas de marfil, conchas o dientes de animal han permanecido mucho tiempo después de que las ropas que las sujetaban desaparecieran.

Hace unos100 años, en la Dordoña francesa los **arqueólogos** descubrieron un enterramiento de un chico de entre 2 y 4 años, con una antigüedad de unos 12.000 años. Encontraron más de 1500 conchas alrededor de los restos de los brazos, las piernas, el cuello y la cabeza del chico, que debieron sujetar un tocado o un pañuelo. En la tumba se encontraron también colgantes hechos de dientes de zorro y de ciervo.

¿Crees que llevaban estas cuentas a diario o solo en ocasiones especiales como ceremonias? ¿Quizá, solo en el funeral?

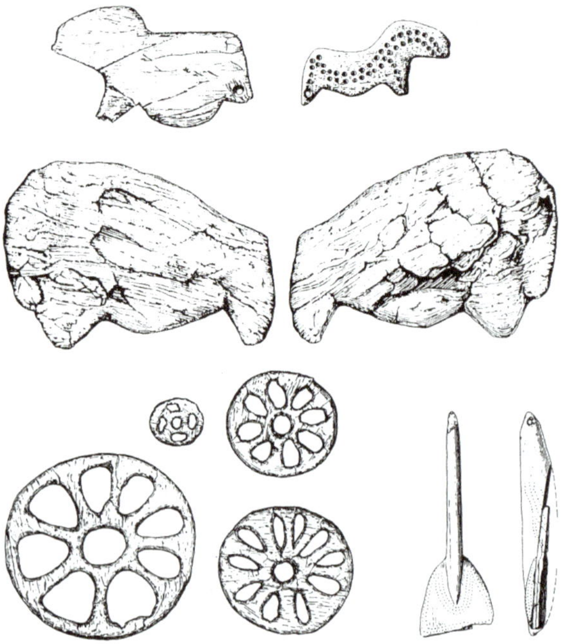

Algunos de los marfiles tallados hallados en los enterramientos de Sunghir

¿Crees que los amuletos (de la suerte) pueden evitar que las cosas malas ocurran?

Las conchas mostraban marcas de uso y fueron recortadas para hacerlas más pequeñas, así que es posible que las llevaran miembros de la familia o de la comunidad de los chicos, antes de usarse en su **ajuar** (bienes/objetos para la tumba). Podrían crearse simplemente para mantener la conexión entre el chico y los que aún vivían y le querían; pero hay una teoría alternativa. Algunos recolectores modernos que viven en el Amazonas cubren las ropas de sus niños con amuletos para protegerlos de los malos espíritus. Pero si el niño muere, entienden que los amuletos no funcionan y no se los entregan a otros, sino que los enterrados con ellos.

Algunas de las conchas vinieron de muy lejos y debieron ser adquiridas a través del comercio con personas que las recolectaban en la costa. Se pensó que este chico o sus padres serían miembros importantes de la comunidad. Actualmente, tenemos un mayor conocimiento de las creencias de los grupos **indígenas**, y sabemos que las decoraciones y objetos reflejan el afecto de unas personas por otras; no son solo muestra de valor o estatus.

Las cuentas del enterramiento del chico de La Madeleine

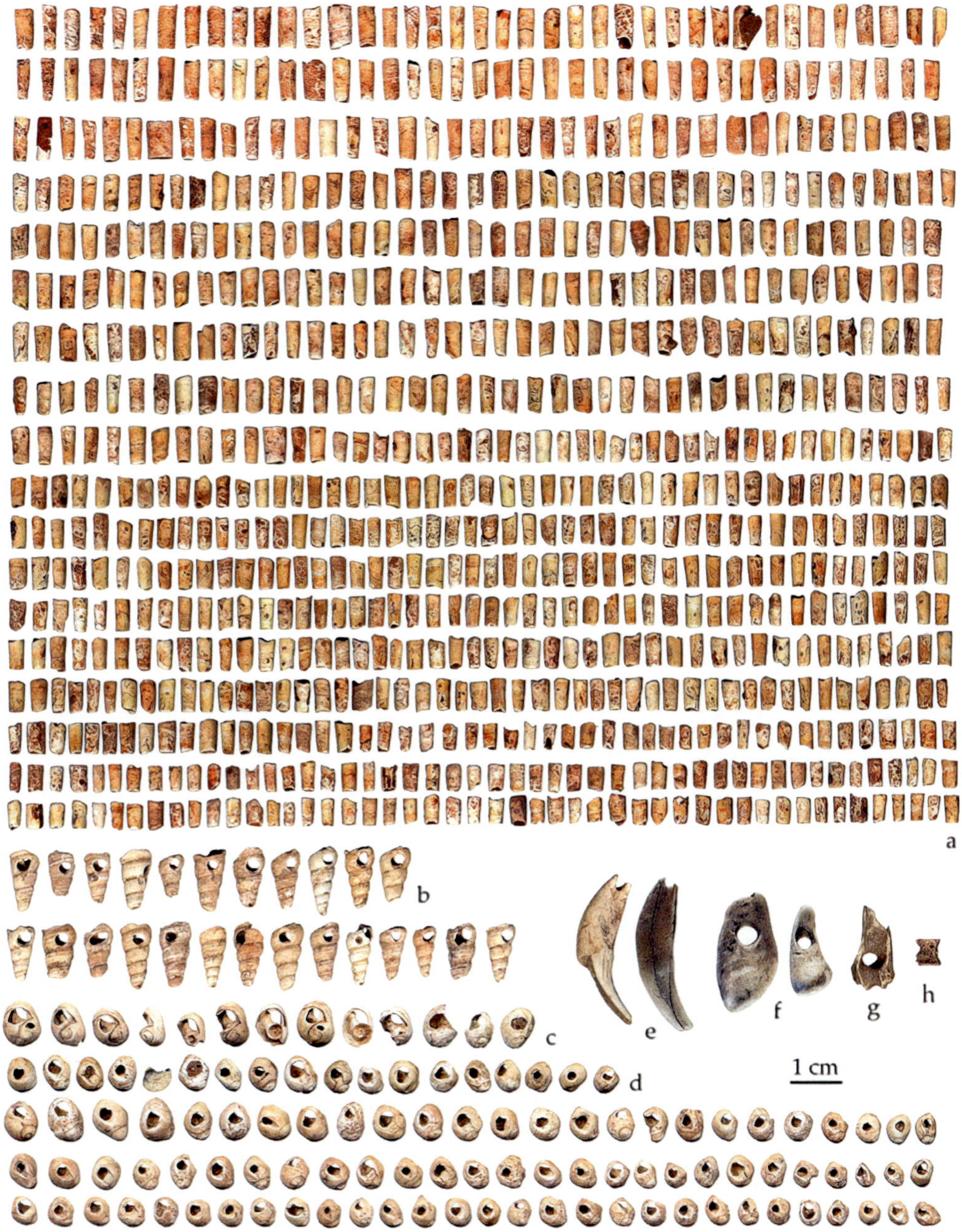

¿Cuánto tiempo crees que les llevaría hacer un colgante de cuentas para un niño?

Arte Rupestre y Parietal

Entre las más espectaculares producciones de la Edad de Hielo están las numerosas representaciones rupestres hechas al aire libre y también en las paredes, los techos e incluso en los suelos de las cuevas (arte parietal). En muchos casos, los artistas vieron formas en las rocas que les sugerían diferentes animales, por lo que les añadían las partes que faltaban. En el arte paleolítico dominan los animales (principalmente caballos y bisontes, pero también uros salvajes, cabras salvajes, ciervos, mamuts, etc.). Se representaron muy pocos humanos (ver página 11) pero hay muchas formas extrañas.

Bisontes pintados en las paredes de Covaciella (España)

Representación de una cierva hecha con digitaciones de ocre rojo en Covalanas (España)

Hubo muchas formas de hacer estas imágenes. El método más simple era usar los dedos para marcar las paredes suaves de las cuevas. En las rocas más duras, o en los suelos de arcilla, se usaba una herramienta de piedra afilada para hacer grabados. Las pinturas se hicieron con **pigmentos** (tanto en rojo; ocre u óxido de hierro, como negro; manganeso o carbón). El color podía ser aplicado con lápices naturales o mediante el **pigmento** triturado (en polvo) y mezclado con agua. Después, este se aplicaba con una brocha o pincel, una almohadilla o directamente con la mano. Finalmente, los **pigmentos** machacados también se ponían en la boca, mezclados con la saliva y se escupían sobre la pared, directamente, o con la ayuda de huesos de pájaro a modo de aerógrafos. Así se realizaron las manos impresas en negativo, colocando la mano estirada contra la pared y proyectando sobre esta la pintura. Cuando se retiraba la mano, quedaba una huella perfecta de esta sobre la pared.

Probablemente, muchas de las imágenes fueron hechas por adultos, porque se pueden ver a suficiente altura sobre el suelo.

Sin embargo, sabemos que los niños fueron muy activos en las cuevas. Dejaron huellas de sus pies (ver página 46) y posiblemente dibujaron en ellas. En algunas cuevas hay marcas de dedos en las paredes y en los techos que fueron hechas por manos pequeñas (improntas de niños pequeños e incluso, de bebés). A veces, los adultos sostendrían en alto a los niños para que estos dejaran sus dedos marcados. Además, en algunas cuevas hay representaciones en espacios pequeños y estrechos en los que un adulto no pudo entrar; así que tuvieron que ser hechas por los más jóvenes.

En la oscuridad, las pinturas de estas cuevas cobrarían vida con el temblor de la llama de una antorcha, lámpara o fuego. Los animales parecerían moverse, siendo como un primer cine, sobre todo si estas se observaban rodeadas de relatos y música.

Impronta de una mano en la cueva de Cosquer. Tales imágenes se hicieron colocando la mano sobre la pared de la cueva y escupiendo o proyectando la pintura sobre ella.

¿Por qué querrían estas gentes hacer imágenes en el interior de cuevas oscuras?

¿Todos los Días Eran Días de Juego o de Colegio en la Edad de Hielo?

En las sociedades cazadoras-recolectoras apenas hay instrucciones de cómo hacer las cosas. Tradicionalmente, los niños aprenden mediante ensayo-error, copiando de otros niños más mayores o de sus ancianos. De esta forma adquieren sus habilidades poco a poco mediante la práctica.

Los niños de la Edad de Hielo aprenderían rápidamente los métodos para cazar, elaborar trampas o atrapar animales mediante el juego y la práctica con otros niños. Los **arqueólogos** han descubierto muchas copias pequeñas de herramientas y armas, propias de los adultos, que podrían ser juguetes para su aprendizaje.

Los cazadores-recolectores no suelen dejar a sus niños atrás y prefieren incluirlos en todas sus actividades lejos del hogar. La idea de que solo los niños y los padres (varones) participaban en salidas de caza está pasada de moda. De hecho, y más importante, las evidencias no la apoyan. Durante la Edad de Hielo todos, niños y niñas, necesitaron aprender habilidades de la vida real para sobrevivir, ya que todos los miembros de la familia se unirían para realizar las tareas, tanto fuera como en el interior del campamento.

¿Crees que es más fácil para los padres actuales criar a sus hijos?

Habilidades que los niños de la Edad de Hielo aprenderían:

- Cómo hacer y usar las herramientas (artefactos).
- Cómo encender un fuego.
- Encontrar un refugio / abrigo apropiado.
- Reconocer el comportamiento de los animales y evitar a los depredadores.
- Reconocer el paisaje inmediato y los cambios del tiempo.
- Conocer las etapas de la vida natural y el crecimiento de las plantas.

Todas serían lecciones cruciales. Los niños aprenderían a atrapar animales usando señales, olores y sonidos, y armas en miniatura.

Los adultos jóvenes tendrían que aprender también cómo hacer herramientas y alguno tendría que enseñarles. Hay muchos ejemplos **etnográficos** de indígenas o aborígenes, hombres y mujeres, llevando sus propias herramientas en una bolsa de cuero en su cintura. Seguro que esto también ocurrió durante la Edad de Hielo.

Los humanos maduran lentamente y los niños dependen de sus madres y de la familia extensa que los apoya, no solo por la comida, sino también porque de ella aprenden todo lo necesario para sobrevivir; como encontrar caminos en el paisaje y evitar los peligros.

Huellas de pies de niños en la cueva de Niaux, Francia

¿Aprenderían los niños a nadar en la Edad de Hielo? No lo sabemos, por supuesto, pero cuando vieran a los animales cruzar los ríos a nado, entenderían que era una forma rápida de atravesar el agua y lo intentarían. Además, cuando pescaran en ríos de aguas rápidas o recolectaran marisco en la costa, usarían pequeñas embarcaciones. Y como navegar implica el riesgo de caer al agua, tendrían que aprender a nadar.

¿Piensas que las gentes de la Edad de Hielo nadaban y se lavaban en los ríos cuando el tiempo fuera más cálido?

¿Cómo sería nadar con esas prendas de piel tan pesadas?

Casi seguro que los niños aprendieron desde muy pequeños a no tocar y ni jugar con objetos peligrosos, igual que en la actualidad. Sin embargo, en la Edad de Hielo muchos jóvenes tendrían permiso para agarrar herramientas afiladas y aprender a usarlas. Los cazadores-recolectores Hadza, de Tanzania, en África, creen que los niños aprenden por sí mismos lo que es peligroso y, por ello, se les permite coger cuchillos y navajas desde muy pequeños (incluso con tan solo 2 ó 3 años), ya que estas herramientas son usadas en la **recolección** en la cultura Hadza. Así, al jugar con ellos desde muy pronto, los niños se convierten rápidamente en expertos en el uso estos útiles.

¿Crees que es una buena idea que los niños usen herramientas afiladas? ¿Dejarías a alguien más joven que tú jugar con un objeto afilado?

¿Tendrían los niños juguetes?

En la cueva de Le Mas d'Azil, en los Pirineos franceses, los **arqueólogos** encontraron un disco circular de hueso (rodete) con una imagen grabada de un humano y un oso. Tiene un agujero en el medio, presumiblemente para un cordón. Cuando se tira de él, el disco gira y la imagen parece moverse. Imagínate cómo impactaría este juego visual, no solo a los niños, sino a toda la familia. Otros objetos descubiertos son miniaturas de armas y juguetes, incluidas las pequeñas cuentas de marfil de la tumba de los niños de Sunghir. Muchas figuras pequeñas de animales y pájaros se hicieron en marfil; y una figura de oso u hombre-león se halló en Jura de Suabia, en Alemania. Los juguetes que se hicieran de madera, con tejidos de plantas o con plumas desaparecerían tras un largo período de tiempo.

Los niños que vivieron en la Edad de Hielo probablemente coleccionarían cosas **curiosas** como huesos de animal, plumas, piedrecitas, fósiles y conchas. También los niños y los adultos tomarían, a menudo, elementos naturales del entorno como piedras, rocas, conchas o incluso hojas e insectos. Puede que recoger cosas y ordenarlas en grupos o categorías similares forme parte del carácter humano. Igualmente,

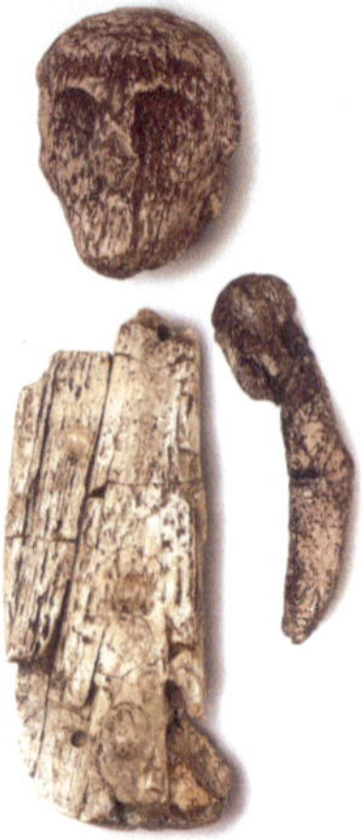

Arriba: Figurita en marfil de un oso u "hombre-león". Debajo: marioneta de marfil de Brno

Figura de arcilla de Maininskaya

pudieron recolectar pequeñas criaturas y cuidarlas como sus mascotas.

¿Qué objetos naturales te gusta coleccionar?

En el interior profundo de algunas cuevas en Francia se han encontrado cientos de huellas de niños. Por tanto, parece que los niños muy pequeños no tenían miedo de explorar los pasillos estrechos y retorcidos, trepar por chimeneas estrechas y abrirse camino a través de lugares oscuros y difíciles. En la cueva de Fontanet, en Francia, hay marcas de pequeñas bolas de arcilla que los niños se tirarían entre ellos, y en la misma cueva un niño de unos 5 años dejó la huella de su rodilla y de sus manos al seguir a un cachorro o a un zorro hacia el fondo de esta. De hecho es posible que estos chicos visitaran la cueva con mil años de diferencia, pues sabemos que cavidades como Fontanet fueron frecuentadas una y otra vez durante miles de años.

En el fondo de la cueva de Le Tuc d'Audoubert, en Francia, están los famosos bisontes de arcilla (en la página siguiente). Muy cerca, en la cámara en la que se recogió la arcilla, hay al menos 183 huellas de talones de niños y adolescentes; que probablemente jugarían juntos en una zona de techo bajo.

Disco de hueso hallado en Mas d'Azil, Francia

Los bisontes de arcilla de la cueva de Tuc d'Audoubert (Francia)

¿Crees que las esculturas de arcilla halladas en la cuevas fueron hechas por adultos o por niños?

Otra forma de diversión para los niños pudieron ser las pinturas de animales de las paredes de las cuevas (estas imágenes casi cobran vida cuando se ven bajo la luz parpadeante las antorchas hechas de ramas, o de las lámparas de mano hechas con grasa de animal). Cuando estas puntos de escasa iluminación se mueven por las cámaras oscuras crean sombras que parecen relacionarse con los animales de la pared. A menudo, las paredes de las cuevas brillan por el agua y por las pequeñas partículas de cuarzo de las rocas de cuarcita que relucen cuando la luz se mueve cerca de la superficie. En este contexto sombrío uno se imagina lo emocionante que sería el efecto cinematográfico de los animales pintados para nuestros antepasados, particularmente si lo acompañaban de historias y de música. Además, el efecto no es menos fascinante para los afortunados que visitan estos lugares increíbles hoy.

¿Serías feliz con los juguetes de los niños de la Edad de Hielo? ¿Qué echarías de menos de los que utilizas en la actualidad?

Los Perros Como Ayudantes de Caza y Como Mascotas

Los perros debieron evolucionar de los lobos al final de la última Edad de Hielo. **Genéticamente**, tanto los perros prehistóricos como los lobos no se parecen a ninguna especie moderna que existe en la actualidad y, probablemente mirarían y se comportarían de un modo diferente a las muchas variedades de perros (y de lobos) que podemos observar en el mundo moderno.

Desde el final de la Edad de Hielo, o incluso antes, las personas se relacionan con los perros, aunque hay mucho debate entre los científicos acerca de cuándo, dónde y cómo se produjo el cambio del lobo al perro. No tenemos ni idea si las personas también usarían hurones y aves de presa para cazar, pero hay evidencias de perros prehistóricos viviendo con los humanos, y sus restos han sido encontrados junto a los enterramientos.

Muchas personas parecen tener un miedo profundamente arraigado a los lobos, y ha sido así a lo largo de la historia. De hecho, en los cuentos infantiles, los malos son representados como lobos. Esto es aún más sorprendente si pensamos que los perros, relacionados con los lobos, son nuestros aliados (compañeros) más cercanos. De acuerdo con muchos **zoólogos**, los lobos no son una especie feroz ni peligrosa como se muestra en las películas y en las leyendas, pero no niegan que sea el mayor depredador. De hecho, un grupo grande de humanos con armas de mano apenas se mantendría en pie contra una manada de lobos y, en la Edad de Hielo, podrían solo escapar trepando a los árboles o refugiándose en los abrigos rocosos o en las cuevas.

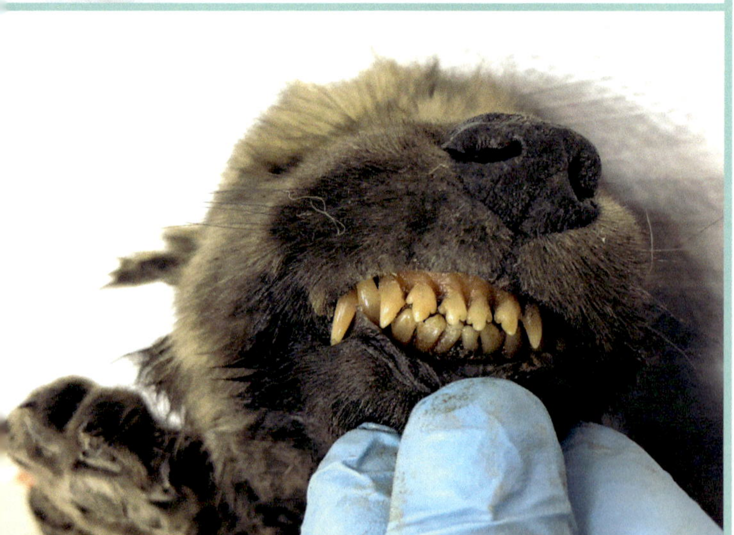

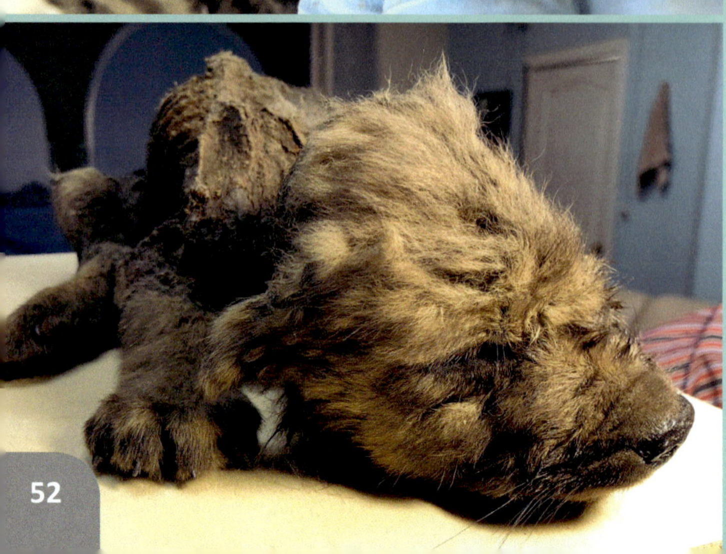

Un cachorro helado conocido como "Dogor" de unos 13.000 años y encontrado en el suelo helado de Siberia en 2018. "Dogor" es la palabra Yakut para amigo.

Una primera explicación de cómo se **domesticaron** los lobos dice que las manadas de lobos hambrientos empezaron a merodear los campamentos humanos, escarbando (y carroñeando) la comida; y sus gentes seleccionaron a los más dóciles y mataron o ahuyentaron a los que no podían domar. La alimentación regular de estos "animales salvajes" pudo convertirlos en dependientes y, finalmente, los humanos y los lobos crearon un fuerte vínculo de ayuda mutua.

Trazado / Grabado de un lobo en La Marche (Vienne, Francia)

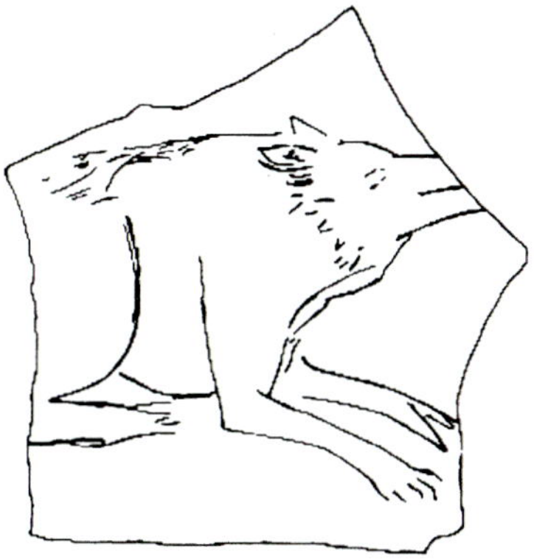

De hecho, los lobos no fueron los únicos animales que merodeaban por los campamentos. Un estudio reciente realizado en yacimientos de hace 40.000 años del Jura de Suabia en Alemania ha hallado restos de zorros que comieron muchos renos, sin duda carroñados cerca de los campamentos humanos.

Otra idea alternativa es que los humanos englobaran en sus grupos cazadores a los lobos que estaban siguiendo a las mismas manadas y, dándose cuenta de las fuerzas de cada uno, empezaron a cazar juntos. Quizá nuestros antiguos antepasados aprendieron originalmente de los lobos cómo seleccionar de entre todas la presa más fácil de capturar. Esto llevaría a un período de cooperación y más adelante (o mucho más adelante) a una relación estrecha entre los humanos y los lobos evolucionados.

Tenemos, al menos, dos teorías: la primera es que los lobos y los humanos aprendieron gradualmente a tolerarse entre ellos y, finalmente, se unirían y desarrollarían conjuntamente. La segunda es que las personas de la Edad de Hielo **domesticaron** intencionalmente a los lobos para que les ayudaran en la caza y les otorgaran protección y compañía; siendo una fuente de carne (de reserva), y de pelaje útil cuando el animal ya no tuviera más utilidad.

¿Qué teoría te parece más fiable?

¿Cómo se convirtió un lobo salvaje (antiguo) en un pequeño perro Chihuahua?

Tener un perro doméstico en la Edad de Hielo

Pero ¿cuáles eran las ventajas de los perros domésticos en la Edad de Hielo? Sorprendentemente, hay muchas cuando se piensa en ello:

- Ayuda en la caza, pastoreo y en el rastreo.
- Guardar /proteger la casa, a los niños y la comida.
- Protección frente a los depredadores.
- Transportar cargas (cargamento) y niños.
- Compañía y seguridad; para calentar la cama.
- Comer los desechos y las sobras.
- Diversión. La alegría de los perros contagia tanto a niños como a adultos.
- El papel de propietario de un perro, quizá incluso ¿se comerciaba con ellos?
- Y finalmente, como comida y pieles.

Ambas situaciones podrían haber ocurrido muchas veces en el pasado, a lo largo de los miles de años a los que denominamos Paleolítico Superior. Lo que es seguro es que la relación entre el humano y el lobo, entre lobo-perro, primero -- y entre humano-perro, después -- llevó mucho tiempo antes de tener éxito.

El oído de un perro es mejor que el oído humano. Estos pueden oír cuatro veces más lejos y localizar el sitio exacto del sonido. El sentido del olfato de un perro es también mejor que el nuestro. Las personas del Ártico han usado perros desde que viven en esta parte del mundo, y la evidencia arqueológica sugiere su presencia allí desde, al menos, 17.000 años.

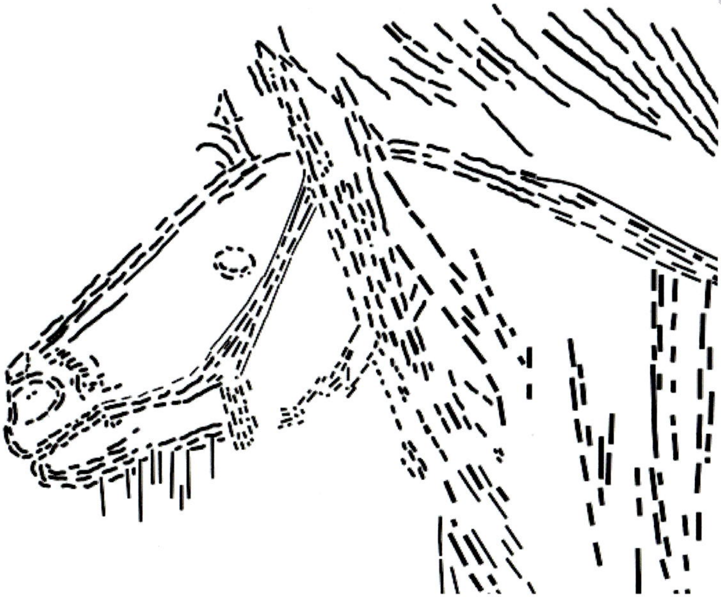

Grabado de un caballo con brida, hallado en la cueva de Oxocelhaya

Los experimentos han mostrado que los perros grandes aprenden fácilmente a llevar grandes paquetes atados a sus lomos, así que en la Edad de Hielo pudieron usarse para ayudar a llevar el equipaje entre los campamentos. Pero las personas de la Edad de Hielo eran muy inteligentes y estaban familiarizadas con el comportamiento de los animales desde miles de años atrás, por lo que seguro que usaron caballos y renos como animales de carga, o para montar. Es muy fácil **domesticar** a los potros y cervatillos y después controlarlos durante toda su vida. Como hemos visto, las gentes de la Edad de Hielo se movían mucho y, a menudo, tenían que cargar con sus pesadas tiendas y equipamientos a largas distancias por terrenos difíciles. ¿Por qué iban a cargar o a arrastrar todo ellos mismos cuando podían usar caballos y renos fácilmente? Y además, tenemos evidencia de esto porque varias representaciones de la Edad de Hielo muestran caballos llevando lo que parecen unas sencillas bridas.

También es importante recordar que las personas debieron viajar, a veces, en barco o canoa. A pesar de que ninguna embarcación haya sobrevivido al paso del tiempo, es obvio que navegar por el río sería más sencillo y a menudo, más directo que escalar y descender por las colinas.

¿Podemos aprender algo de nuestros antepasados de la Edad de Hielo?

Los 30.000 años que abarca este pequeño libro suponen unas 1200 generaciones humanas. Esperamos que tras su lectura tengas una idea más completa de la resistencia y dureza de estas poblaciones. Se **adaptaron** a su entorno natural, e hicieron todo lo posible para asegurar que sus hijos sobrevivieran. Los **arqueólogos** han aprendido muchas cosas sobre estas gentes y continúan hallando nuevos restos de nuestro pasado (especialmente en áreas donde, desafortunadamente, el cambio climático está causando que el hielo y el **permafrost** se derritan de forma alarmante). Sin embargo, nunca sabremos qué pensaban y en qué creían los primeros humanos; sus orígenes, ni el mundo en el que vivieron. Pero esperamos haberte mostrado una imagen más clara del tipo de vida que llevaron los cazadores-recolectores antiguos, y algunos de los retos a los que tuvieron que enfrentarse.

Esperamos que este libro te haya permitido viajar al pasado y te haya dado una idea de cómo eran nuestros antepasados, y de cómo vivieron su día a día.

Reconstrucción de un grupo de personas de la Edad de Hielo

En el futuro, posiblemente, los **arqueólogos** y científicos descubrirán mucho más sobre la cultura de la Edad de Hielo.

Hemos descrito a los hombres, mujeres y niños que vivieron hace unos 30.000 años en la Edad de Hielo en Europa, y que son los directos antepasados de muchas personas que viven hoy.

Las gentes de la Edad de Hielo debieron trabajar juntas para superar retos difíciles como el cambio climático y las hambrunas. Pero con su determinación, lograron criar a sus hijos para la vida adulta. Sin sus decisiones y su sentido del propósito, la especie humana no hubiera sobrevivido. Tenemos mucho que agradecerles.

Metodología Arqueológica

Los **arqueólogos** son personas que estudian el pasado excavando las áreas donde vivieron nuestros antepasados. En las excavaciones se levantan muchas capas de tierra, especialmente en los lugares donde las personas han vivido durante cientos o miles de años, encontrando objetos de períodos muy diferentes. Averiguar la antigüedad de dichos artefactos o cómo los usaban; y de qué estaban hechos es labor de la Arqueología.

Saber la edad de algo que ha sido excavado puede ser un reto, pero los **arqueólogos** tienen varias formas de lograrlo. Indicar la edad de algo se llama datar. El método de **datación** más común consiste en inspeccionar el objeto y ver a qué se parece, basando la investigación en un amplio grupo de muestras de otras excavaciones. Después, el objeto se categoriza con artefactos similares basándose en su material, forma, cómo está hecho y otros detalles sobre él. Esto se llama tipología. Cuando se identifica un conjunto de objetos para un período de tiempo y lugar, estos pueden actuar como marcadores-tipo temporales. Cada nuevo objeto excavado se colocará en la línea del tiempo, cerca de los artefactos más similares. Este método se usa para los objetos arqueológicos antrópicos (hechos por humanos) más abundantes, como herramientas de piedra y cerámicas. No funciona tan bien con objetos raros o únicos, que no tienen elementos de comparación.

Otra forma común de averiguar la edad de un yacimiento es la **datación** de radiocarbono. Este tipo de datación puede usarse en cosas que estuvieron vivas una vez, como madera, semillas y huesos. Durante su vida, las células de plantas y animales absorben naturalmente el isótopo radioactivo de Carbono-14 (14C), pero una vez mueren, las células no absorben más. Las dataciones de

Excavación en Cueva Antón, Murcia, España

radiocarbono usan equipos de laboratorio para analizar el Carbono-14 que falta en este material (como en el carbón de madera dejado tras un fuego), y esta medida es usada para estimar su edad. Es decir, la cantidad de Carbono 14 ausente nos da la fecha de la muerte del organismo. Datando unos pocos materiales diferentes de un yacimiento arqueológico con este método puede tenerse una idea general de qué antigüedad tiene el sitio y cuánto tiempo fue habitado.

Otros métodos científicos usados en el trabajo arqueológico son: el estudio de los huesos humanos antiguos (osteoarqueología), de los huesos de animales antiguos (zooarqueología), de las plantas antiguas (arqueobotánica y paleobotánica), y del ADN (paleogenética). Los análisis de suelos excavados (**sedimento**) pueden ayudar a los **arqueólogos** a encontrar marcas de cosas que ya no pueden verse, como granos de polen de las plantas, pieles de animales o antiguos parásitos.

GLOSARIO

Adaptar / adaptación: proceso de cambio ante condiciones diferentes.

Ajuar funerario: objetos enterrados junto a un cuerpo, o depositados cerca de una tumba. Estos pueden haber pertenecido a la persona que murió o son regalos hechos por su comunidad.

Anticuerpos: proteínas producidas en la sangre que luchan contra las enfermedades atacando y matando a las bacterias dañinas, virus, etc.

Antiséptico: sustancia que, aplicada sobre la piel, previene las infecciones matando a los gérmenes y a los microorganismos.

Arqueólogo: persona que trabaja excavando y estudiando las cosas dejadas atrás por otras personas en el pasado (más o menos reciente).

Cuna: superficie plana o marco al que se ata a un niño pequeño, para ser llevado/portado por un adulto.

Curado o tintado de las pieles de animal: el proceso de tratamiento de la piel de los animales para producir cuero.

Curiosidades: objetos raros o interesantes.

Datación: método usado por los arqueólogos para conocer la antigüedad de algo.

Domesticación: algo salvaje cambia para convertirse en algo apto para los humanos. Los ejemplos incluyen la evolución de lobos a perros, al interactuar con los humanos; o las plantas, que cambian con el tiempo debido a que son cultivadas o recolectadas por humanos.

Escombros / desechos: basura u objetos rotos.

Estilo de vida cazador-recolector: Forma de vida que consiste en la caza, pesca y recolección de vegetales silvestres y los nutrientes necesarios para sobrevivir. Hasta hace unos 12.000 años cuando los humanos empezaron a cultivar, todos los humanos eran cazadores-recolectores.

Etnografía: estudio científico de las personas o culturas y de su lenguaje, costumbres, hábitats y formas de vida.

Evolución: desarrollo obtenido a través de un proceso gradual.

Extinción: situación en la que algo ya no existe más.

Fibroso: Hecho de diferentes hilos (fibras) y, en general, bastante duro.

Generación: Todas las personas de la misma edad aproximada de una sociedad o de una familia particular.

Genéticamente: de una manera/forma en relación con su origen o desarrollo. La genética es el estudio de cómo los trazos y características físicas pasan de una generación a la siguiente.

Humanos biológicamente modernos: nosotros. También conocidos como *Homo sapiens*.

Indígenas / primeras poblaciones: las personas que vivían originalmente en un lugar (por ejemplo, un país) en vez de las personas que se desplazaron de un lugar a otro.

Infección por hongos: cualquier enfermedad o condición causada por un hongo.

Infección por parásitos: cualquier pequeño organismo como un virus o una bacteria que puede causar enfermedad.

Materia putrefacta: materia orgánica que se ha deteriorado, y que produce un olor fuerte y pestilente.

Migración: proceso por el que los animales y las personas viajan a diferentes lugares, normalmente cuando cambia la estación.

Muestra de suelo o sedimento: pequeña cantidad de tierra excavada procedente de un punto concreto dentro de un yacimiento arqueológico, retirada cuidadosamente para ser analizada en el laboratorio.

Mutación genética: error o alteración permanente en la secuencia de ADN, una cadena de unidades químicas halladas en cada célula de los seres vivos. El ADN es el material que lleva toda la información sobre el aspecto y la función de un ser vivo.

Patógenos: patógenos o gérmenes que causan enfermedades infecciosas la primera vez que entran / penetran en el cuerpo. Los patógenos incluyen virus, bacterias, hongos y protozoos.

Permafrost: capa de hielos perpetuos que cubren la superficie terrestre. Consiste en suelo, grava y arena, normalmente junto con hielo.

Pigmentos: ocre (óxido de hierro) y manganeso son tipos de minerales usados por las personas para pintar y dibujar. Cuando son usados para este propósito, los llamamos pigmentos. El carbón también se utilizaba como pigmento comúnmente.

Piojos / piojo: pequeño insecto que vive en el cuerpo y pelo de personas y animales.

Protección térmica: ropa que mantiene/retiene el aire cálido entre la piel y la prenda exterior favoreciendo el aislamiento en condiciones frías.

Recolección / Recolector: Actividad que implica encontrar, recoger y cosechar alimentos silvestres y recursos naturales que pueden tener uso, como la leña. Un recolector es una persona que recolecta.

Sistema inmune: células y tejidos del cuerpo que permiten protegerlo contra las infecciones.

Tubérculo: parte ancha del tallo de una planta y raíz que crece bajo tierra. Algunos tipos de tubérculos pueden ser consumidos por humanos.

Varilla, alisador y espátula: herramientas de hueso o piedra con un borde de hoja delgada usado en el proceso y trabajo de las pieles de animal.

Yodo: elemento químico que se encuentra en pequeñas cantidades en el agua del mar y las algas y se usa para prevenir infecciones.

Zoólogo: una persona que se dedica al estudio científico de los animales.

PREGUNTAS

¿Te habría gustado aprender estas tareas necesarias para hacer la comida en la Edad de Hielo?

¿Preferirías cazar y recolectar tu comida cada día o ir al supermercado?

Si nuestros antepasados de la Edad de Hielo hablaban de "mal olor", ¿qué palabra habrían usado?

¿Crees que somos demasiado limpios? ¿Preferirías lavar menos?

Es poco probable que las personas de comunidades alejadas hablaran el mismo idioma, así que ¿crees que pudieron compartir un lenguaje de signos u otras formas de comunicación?

¿Te habría gustado hacer tu propia ropa en la Edad de Hielo en vez de comprarla como hacemos hoy?

¿Crees que llevaban estas cuentas a diario o solo en ocasiones especiales como ceremonias? ¿Quizá, solo en el funeral?

¿Crees que los amuletos (de la suerte) pueden evitar que las cosas malas ocurran?

¿Cuánto tiempo crees que les llevaría hacer un colgante de cuentas para un niño?

¿Por qué querrían estas gentes hacer imágenes en el interior de cuevas oscuras?

¿Crees que es más fácil para los padres actuales criar a sus hijos?

¿Piensas que las gentes de la Edad de Hielo nadaban y se lavaban en los ríos cuando el tiempo fuera más cálido?

¿Cómo sería nadar con esas prendas de piel tan pesadas?

¿Crees que es una buena idea que los niños usen herramientas afiladas? ¿Dejarías a alguien más joven que tú jugar con un objeto afilado?

¿Qué objetos naturales te gusta coleccionar?

¿Crees que las esculturas de arcilla halladas en la cuevas fueron hechas por adultos o por niños?

¿Serías feliz con los juguetes de los niños de la Edad de Hielo? ¿Qué echarías de menos de los que utilizas en la actualidad? ¿Qué teoría te parece más fiable?

¿Cómo se convirtió un lobo salvaje (antiguo) en un pequeño perro Chihuahua?

Mapa de Europa en el que se muestra la extensión de la masa terrestre y de las capas de hielo euroasiáticas durante el Último Máximo Glacial hace unos 20.000 años. (Leyenda: La Edad de Huelo hace 20.000 años (Último Máximo Glacial). Países actuales; extensión de tierra; capas de hielo

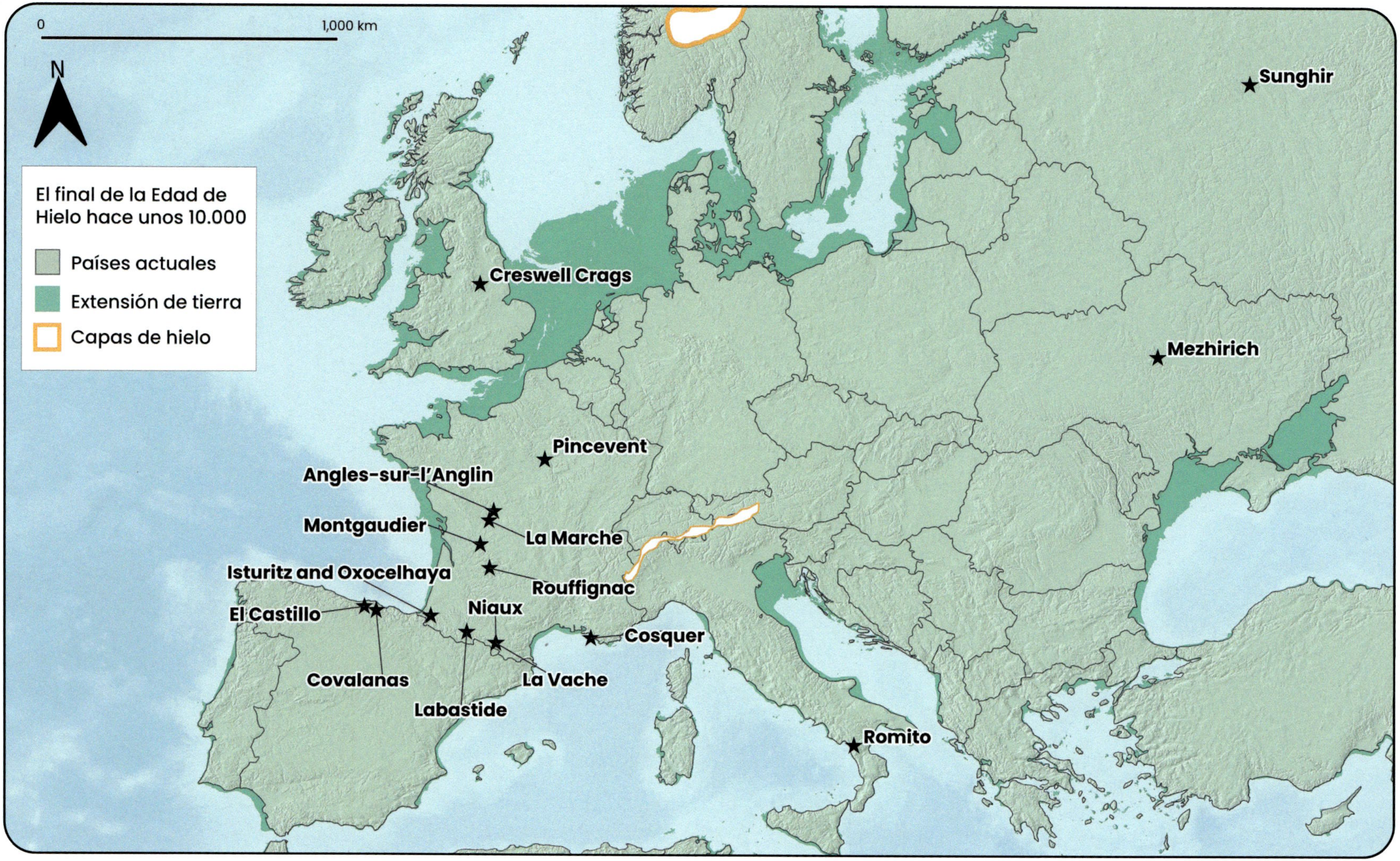

Mapa de Europa que muestra la extensión de la masa terrestre y de las capas de hielo euroasiático el final de la Edad de Hielo hace unos 10.000 años. (Leyenda: Países actuales; extensión de tierra; capas de hielo).